多层次视角下企业高管权力对内部控制缺陷的影响机制研究

Research on The Influence Mechanism of Listed Companies' Managerial Power on Internal Control Deficiencies Based on Multi-level Perspective

郭 军 / 著

中国经济出版社
CHINA ECONOMIC PUBLISHING HOUSE
北 京

图书在版编目（CIP）数据

多层次视角下企业高管权力对内部控制缺陷的影响机制研究/郭军著．
北京：中国经济出版社，2017.12
ISBN 978-7-5136-4960-5

Ⅰ.①多… Ⅱ.①郭… Ⅲ.①国有企业—企业领导—权力—影响—企业内部管理—研究—中国 Ⅳ.①F279.241

中国版本图书馆 CIP 数据核字（2017）第 273989 号

组稿编辑 崔姜薇
责任编辑 葛 晶
责任印制 马小宾
封面设计 华子图文

出版发行 中国经济出版社
印 刷 者 北京科信印刷有限公司
经 销 者 各地新华书店
开 本 710mm×1000mm 1/16
印 张 14.75
字 数 225 千字
版 次 2017 年 12 月第 1 版
印 次 2017 年 12 月第 1 次
定 价 58.00 元
广告经营许可证 京西工商广字第 8179 号

中国经济出版社 **网址** www.economyph.com **社址** 北京市西城区百万庄北街 3 号 **邮编** 100037
本版图书如存在印装质量问题，请与本社发行中心联系调换（联系电话：010-68330607）

P前言
reface

近年来，频发的上市公司财务舞弊、违规经营等丑闻，充分暴露出企业内部控制的缺陷，严重损害投资者利益，使得内部控制目标的实现难以得到合理保证。同时，非效率投资是困扰我国上市公司发展的顽疾，损害企业的可持续增长。在我国特殊的制度背景下，源于股东和管理层的委托代理冲突，使得管理者忽视了投资作为价值增值的重要活动，导致我国上市公司的投资行为存在过度投资与投资不足的非效率投资状况，健全有效的内部控制通过对经营活动的控制和法律法规遵循的控制、防止和发现舞弊、保证财务报告的质量，降低企业与外部投资者的信息不对称等，缓解企业非效率投资问题，而内部控制缺陷的存在对企业非效率投资行为有何影响？因此，找出企业内部控制缺陷存在的影响因素及其对非效率投资行为的作用效果，以便从根源上降低内部控制缺陷发生率，抑制企业非效率投资行为，成为当前亟须研究的重要课题。

企业高管在内部控制建立和运行过程中起重要作用。我国国有企业存在所有者“缺位”导致的“内部人控制”，民营企业存在管理者与大股东身份重合或合谋现象，使得企业高管权力膨胀。在上市公司内部治理机制不完善和高管人员趋利避害动机的综合作用下，可能会出现高管的“败德行为”，不乏管理层串通舞弊或越权凌驾内部控制，使内部控制失效的案例。同时，在加快推进市场化改革的制度背景下，外部市场化改革对高管权力的约束力度增大，对高管权力形成塑造效应，势必会影响内部控制运行中高管权力的机会主义行为。由此，本研究以企业高管权力为基点，以多层次视角研究上市公司内部控制缺陷存在的影响因素与经济后果。

针对我国企业内部控制实施的实际现状及企业非效率投资问题，在对已有相关研究文献回顾与述评的基础上，本研究以高管权力为切入点，基于企业内部控制运行过程中多因素共同作用的现实，运用主成分分析和构建 logistic 回归模型、多元回归模型等方法，对“多层次视角下高管权力对企业内部控制缺陷的影响机制”这一问题进行深入研究。

本书共分九章。第 1 章为绪论，主要介绍研究背景与意义、核心概念界定、研究思路、研究方法、研究框架及全书的内容安排。第 2 章为理论基础与文献综述，主要对委托代理理论、信息不对称理论、不完全契约理论及寻租理论进行描述，并对内部控制缺陷认定与分类、内部控制缺陷影响因素、内部控制缺陷经济后果、高管权力相关研究、市场化改革相关研究、非效率投资影响因素的以往研究成果进行系统梳理，从中挖掘出本书的研究问题。第 3 章为制度背景与理论分析，主要分析了国有企业与民营企业高管权力的形成、高管权力的监督约束机制、市场化改革深化与区域市场化进程的差异、市场化改革背景下高管权力对内部控制缺陷的影响及我国企业非效率投资的现实。第 4 章为基于博弈论的高管权力对内部控制缺陷影响的深层原因分析。主要包括企业高管与董事会之间的博弈分析，以及企业高管、会计师事务所与证监会之间的多阶段动态博弈分析，为揭示高管权力对内部控制缺陷影响的作用路径做理论铺垫。

第 5 章和第 6 章为企业高管权力对内部控制缺陷影响的作用机理分析。其中，第 5 章为企业高管权力通过影响董事会和审计监督的治理效力，进而对内部控制缺陷的影响。一则选取董事会特征的四方面——董事会独立性、董事会稳定性、董事会异质性和董事会审计委员会存续时间，研究了高管权力、董事会特征与内部控制缺陷之间的关系。研究发现，董事会独立性对内部控制缺陷影响不显著，董事会稳定性、董事会异质性及董事会审计委员会存续时间与内部控制缺陷显著负相关，高管权力减弱了董事会特征对内部控制缺陷存在可能性的降低作用；第 6 章为高管权力、审计监督特征对内部控制缺陷的影响。实证检验了审计监督特征的两方面——内部审计与外部审计，对内部控制缺陷的影响，研究发现内部审计独立性越强、内部审计部门规模越大、注册会计师审计质量越高、进行内部控制审计的上市公司，内部控制缺陷存在的可能性较低，而高管权力能够减弱审计监督对内部控制缺陷存在可能性的降低作用。

第 7 章是结合市场化改革的制度背景，从市场化进程提高对高管权力约束力度增大的角度，研究市场化改革对高管权力与内部控制缺陷之间关系的调节作用。首先，在前文研究结论（高管权力能够削弱董事会与审计监督在内部控制中的治理效力）的基础上，进一步深入研究高管权力能否及如何影响内部控制缺陷，检验了高管权力构成的 3 个维度（组织权力、声望权力和所有制权力）及其综合指标对内部控制缺陷的影响，结果发现，组织权力、声望权力和所有制权力与内部控制缺陷正相关，高管权力综合指标对内部控制缺陷有显著的正向影响，且相较于公司层面内部控制缺陷，高管权力对财务层面内部控制缺陷的影响更明显。市场化进程的提高能够抑制高管权力对内部控制缺陷的正向影响。进一步研究发现，相较于保护性行业，市场化改革的抑制作用对竞争性行业更显著；相较于中央国企，市场化改革的抑制作用在地方国企和民营企业中表现得更明显。

第 8 章为高管权力对内部控制缺陷影响的非效率投资效应。考虑到内部控制缺陷的存在增加了企业信息不对称而产生的道德风险和逆向选择，检验了高管权力通过对内部控制缺陷影响引致的非效率投资效应。结果发现，内部控制缺陷的存在加重了企业的非效率投资现象，相较于国有企业，民营企业内部控制缺陷对非效率投资的影响更显著，且国有企业的过度投资现象较严重，民营企业的投资不足现象较严重；高管权力膨胀能够增强内部控制缺陷对非效率投资的正向影响作用，进一步地，内部控制缺陷整改能够降低企业非效率投资水平。

第 9 章为研究结论与展望，根据前面章节的研究，从微观和宏观两个层面得出相应的对策，应在企业内部控制实施过程中，对不同类型企业实施分类治理，强化对高管权力的监督和约束，以增强内部控制规范的落地效果，加强对高管投资意愿的正确引导，尤其注重加强以内部控制缺陷整改为基本途径，降低企业非效率投资水平的启示等。

由于时间仓促及自身水平有限，书中难免有疏漏之处，敬请读者谅解并提宝贵意见。

郭　军

2017 年 7 月于河南大学商学院

目录
Contents

第1章　绪　论 …… 1

1.1　研究背景与研究意义 …… 3

1.1.1　研究背景 …… 3

1.1.2　研究意义 …… 7

1.2　核心概念界定 …… 10

1.2.1　内部控制 …… 10

1.2.2　内部控制缺陷 …… 11

1.2.3　高管权力 …… 13

1.2.4　非效率投资 …… 14

1.3　研究思路与研究内容 …… 15

1.3.1　研究思路 …… 15

1.3.2　研究内容 …… 18

1.4　研究方法与研究框架 …… 22

1.4.1　研究方法 …… 22

1.4.2　研究框架 …… 24

1.5　主要创新点 …… 24

第2章　理论基础与文献综述 …… 27

2.1　理论基础 …… 29

2.1.1　委托代理理论 …… 29

2.1.2　信息不对称理论 …… 32

2.1.3 不完全契约理论 …… 34
2.1.4 寻租理论 …… 37
2.2 文献综述 …… 40
2.2.1 内部控制缺陷认定与分类的文献综述 …… 40
2.2.2 内部控制缺陷影响因素文献综述 …… 42
2.2.3 内部控制缺陷经济后果文献综述 …… 46
2.2.4 高管权力相关文献综述 …… 49
2.2.5 市场化改革相关文献综述 …… 52
2.2.6 非效率投资影响因素文献综述 …… 54
2.3 本章小结 …… 57

第3章 制度背景与理论分析 …… 59

3.1 高管权力形成的现实背景 …… 61
3.1.1 国有企业高管权力的形成 …… 61
3.1.2 民营企业高管权力的形成 …… 63
3.2 高管权力的监督约束机制 …… 64
3.2.1 内部治理结构的监督约束 …… 64
3.2.2 外部市场的监督约束 …… 66
3.3 市场化改革深化与区域市场化进程的差异 …… 67
3.4 市场化改革背景下高管权力对内部控制缺陷的影响 …… 69
3.4.1 高管权力对内部控制缺陷的影响机理 …… 70
3.4.2 市场化改革对高管权力与内部控制缺陷之间关系的调节作用 …… 74
3.5 非效率投资现实 …… 77
3.6 本章小结 …… 78

第4章 基于博弈论的高管权力对内部控制缺陷影响的深层原因分析 …… 81

4.1 引言 …… 83
4.2 相关文献回顾 …… 83

4.3 企业高管与董事会的博弈分析 …… 84
4.3.1 博弈参与方的策略选择 …… 85
4.3.2 博弈模型构建及求解 …… 85
4.3.3 博弈结论与启示 …… 87
4.4 企业高管、会计师事务所与证监会之间的多阶段动态博弈分析 …… 87
4.4.1 博弈参与方的策略选择 …… 88
4.4.2 博弈参与方的收益成本和博弈决策树 …… 89
4.4.3 博弈均衡分析 …… 90
4.4.4 博弈结论与启示 …… 92
4.5 本章小结 …… 93

第5章 高管权力、董事会特征与内部控制缺陷 …… 95

5.1 引言 …… 97
5.2 相关文献回顾 …… 98
5.3 理论分析与研究假设 …… 100
5.3.1 董事会特征与内部控制缺陷 …… 100
5.3.2 高管权力、董事会特征对内部控制缺陷的影响 …… 104
5.4 研究设计 …… 105
5.4.1 样本选择与数据 …… 105
5.4.2 内部控制缺陷的认定 …… 105
5.4.3 高管权力的度量 …… 107
5.4.4 变量定义与模型构建 …… 110
5.5 实证结果 …… 113
5.5.1 描述性统计与组间比较结果 …… 113
5.5.2 变量间相关性分析 …… 114
5.5.3 单变量分析结果 …… 116
5.5.4 董事会特征对内部控制缺陷影响的回归结果 …… 117
5.5.5 高管权力、董事会特征对内部控制缺陷影响的回归结果 …… 118

5.5.6 稳健性检验 …… 120
5.6 本章小结 …… 121

第6章 高管权力、审计监督特征与内部控制缺陷 …… 123

6.1 引言 …… 125
6.2 相关文献回顾 …… 125
6.3 理论分析与假设提出 …… 127
6.3.1 审计监督特征与内部控制缺陷 …… 127
6.3.2 高管权力、审计监督特征对内部控制缺陷的影响 …… 129
6.4 研究设计 …… 131
6.4.1 研究样本与数据来源 …… 131
6.4.2 模型设计与变量定义 …… 131
6.5 实证结果 …… 133
6.5.1 变量描述性统计分析 …… 133
6.5.2 变量间相关性分析 …… 134
6.5.3 审计监督特征对内部控制缺陷影响的回归结果 …… 136
6.5.4 高管权力、审计监督特征对内部控制缺陷影响的回归结果 …… 137
6.5.5 稳健性检验 …… 138
6.6 本章小结 …… 140

第7章 高管权力、市场化改革与内部控制缺陷 …… 141

7.1 引言 …… 143
7.2 相关文献回顾 …… 143
7.3 理论分析与假设提出 …… 146
7.3.1 高管权力对内部控制缺陷的影响 …… 146
7.3.2 高管权力、市场化改革对内部控制缺陷的影响 …… 149
7.4 研究设计 …… 150
7.4.1 样本与数据 …… 150
7.4.2 变量选择和定义 …… 150

7.4.3 模型构建 …… 151
7.5 实证结果 …… 152
7.5.1 变量描述性统计 …… 152
7.5.2 变量间相关性分析 …… 153
7.5.3 高管权力对内部控制缺陷影响的回归结果 …… 153
7.5.4 高管权力、市场化改革对内部控制缺陷影响的回归结果 …… 155
7.5.5 稳健性检验 …… 155
7.6 拓展性检验 …… 157
7.6.1 高管权力对不同性质内部控制缺陷的影响 …… 157
7.6.2 市场化改革对不同特质企业高管权力与内部控制缺陷关系的影响 …… 160
7.7 本章小结 …… 162

第8章 高管权力、内部控制缺陷与非效率投资 …… 165

8.1 引言 …… 167
8.2 相关文献回顾 …… 167
8.3 理论分析与假设提出 …… 169
8.3.1 内部控制缺陷对非效率投资影响的理论分析与研究假设 …… 169
8.3.2 高管权力、内部控制缺陷对非效率投资的影响 …… 171
8.4 研究设计 …… 171
8.4.1 样本与数据 …… 171
8.4.2 变量选择和定义 …… 171
8.4.3 模型构建 …… 173
8.5 实证结果 …… 174
8.5.1 变量描述性统计及相关性分析 …… 174
8.5.2 内部控制缺陷对非效率投资影响的回归结果 …… 175
8.5.3 高管权力、内部控制缺陷对非效率投资的影响 …… 177
8.5.4 稳健性检验 …… 178

8.6 拓展性检验 …… 179
8.7 本章小结 …… 181

第9章 研究结论与展望 …… 183

9.1 研究结论 …… 185
9.2 对策建议 …… 188
9.2.1 微观层面 …… 188
9.2.2 宏观层面 …… 190
9.3 研究局限 …… 193
9.4 研究展望 …… 194

参考文献 …… 196

重要术语索引表 …… 220

第1章

绪 论

1.1 研究背景与研究意义

1.1.1 研究背景

21世纪以来，频发的美国的安然事件、世通事件，中国的琼民源事件、银广夏事件和中航油巨额亏损等，这一系列财务欺诈或经营违规事件的特点是企业高管参与其中，充分暴露出上市公司的内部控制缺陷，表明旨在提高企业风险防范能力、经营管理水平，以最终维护投资者利益的内部控制实施的无力或失效，降低了广大投资者对资本市场的信心，尤其显现出内部控制在制约高管环节的薄弱，这些内部控制缺陷的存在，使内部控制制度难以为控制目标的实现提供合理保证。引发了理论界及实务界对于内部控制，尤其是内部控制缺陷的强烈关注。

随后2002年7月，美国国会正式颁布了萨班斯—奥克斯利法案，即SOX法案，将公司财务舞弊、违规行为发生的原因，归于没有发现那些导致企业舞弊或违规的内部控制缺陷。其中的302条款要求，以首席执行官（CEO）为首的企业高层管理者发表关于企业财务报告内部控制有效性的声明，404条款要求企业聘请注册会计师对企业内部控制的有效性进行审计，企业要对外披露经过CPA审计的财务报告内部控制评价报告。对企业内部控制实施做出了相应的规范规定，要求上市公司的CEO和CFO等高层管理者对企业内部控制制度的设计和执行的有效性负责，从上市公司的公司治理、外部审计师执业和相关部门的监管等方面进行规范，以增强内部控制实施效果。

同样地，2006年6月，《上海证券交易所上市公司内部控制指引》在上海证券交易所正式发布，其中第32条要求企业聘请外部会计师事务所这一第三方中介机构，对于企业内部控制评价报告的真实、有效性出具鉴证意见。2006年9月，深圳证券交易所也随之便出台相关规定，要求上市公司不仅要开展内部控制自我评估，还要实施内部控制审计。随后，五部委于2008年正式联合对外发布《企业内部控制基本规范》，2010年，颁布了其配套指引，给出了有关企业内部控制缺陷的分类、认定标准、披露及关于重大内部控制缺陷的规定，并提出了证监会等监管部门关于上市公司内部控制建设的实施意见，标志着具有融合国际经验、具有中国特色的内部控制规范体系基本形成。那么，在关于上市公司内部控制建设法规密集出台的制度背景下，如何切实贯彻执行这些制度规范，以促进内控目标的实现，成为当前理论界和实务界亟待解决的问题。

为减少内部控制缺陷，以便合理保证企业资产安全、财务信息可靠和法律法规的遵从性等内部控制目标的实现，关键是要找出内部控制缺陷存在的影响因素。由美国的《COSO——内部控制整合框架》和中国的《企业内部控制基本规范》可知，内部控制是企业为实现各种控制目标的制度安排及其实施过程，企业高管尤其是CEO是保证内部控制有效运行的根本因素（杨宏力，2012），由于位于公司科层结构的顶端，其决策行为对内部控制的建立、实施、评价和信息披露等过程有重要影响。源于经营权与所有权分离导致的委托代理冲突，作为理性经济人的高管存在自利动机，而健全有效的内部控制是制约高管机会主义行为的重要机制。如Manuel（2002）指出如果上市公司高管有意虚增收入，而内部控制制度不允许其这么做时，高管会选择逾越内部控制的约束，出现管理层凌驾于内部控制的情形。而我国国有企业存在“所有者缺位”导致的“内部人控制”，民营企业存在严重管理层与大股东合谋现象，使得企业高管掌握企业实质控制权，这在客观上为企业高管逾越内部控制创造了条件。

公司治理是内部控制实施的重要环境要素之一，在我国董事会和监事会等治理结构的监督治理作用弱化的情形下（康玉梅，2012），高管强权干预董事会履职以实施谋取私利的机会主义行为成为可能。同时，由内部审计部门和外部审计共同构成的企业审计监督机制在内部控制运行中发挥着重要作用，也是高管权力的监督机制之一。其中，审计委员会作为董事会下属的主要委员会之一，其主要职责是负责提议聘请或更换外部会计师事务所，监督企业内部审计制度的设计与具体实施，协调内部审计与外部审计之间的关系，审核企业财务报告与进行内部控制的自我评价（财政部）。内部审计机构是一专门负责审查、监控内部控制制度的组织机构，内部审计通过监控内部控制具体程序的设立和改进相应的控制系统，监督和及时评价内部控制制度的健全性、有效性，以预防和减少企业内部控制失效导致的损失。外部会计师事务所这一审计机构负责对上市公司年度报告进行审计，并对公司内部控制的有效性进行鉴证，这对于发现企业内部控制实施过程中存在的薄弱环节发挥着重要作用，也是高管权力机会主义行为的重要外部监督力量。但在公司内部高管权力监督机制弱化的情况下，高管权力会干预内部审计履职，强权干预审计委员会发挥治理作用，弱化审计委员会专业性在内部控制实施过程中发挥的监控作用（刘焱、姚海鑫，2014）。此外，在高管权力膨胀和股东尚未充分认识到外部审计的治理功能的共同作用下，使得高管真正掌握外部审计师的选择权（罗明琦、赵环，2014），可以干预外部审计师的审计。由此，高管权力能够影响董事会和审计监督在内部控制运行中的治理功能。那么，高管权力的增大是否会对上市公司内部控制缺陷存在的可能性产生影响？若有影响存在怎样的作用机理？

此外，根据新制度经济学，上市公司的内部契约实施内生于外部制度环境。市场化改革是研究我国上市公司行为需要重视的一个制度背景，企业高管的经营决策等行为受到外部制度环境的影响，随着中国“渐进式”市场化改革的推进，资源配置主体逐渐由政府向市场转变，政府发挥治理功能的方式不断由“干预型”向“服务型”转变，法律法规体系逐步健全，市场竞争的有效性逐步增强，且中国市场化程度在东部、中部、西部、北部这四个区域间存在着显著的非均衡性，这些外部治理机制均对企业高管权力形成了塑造效应。

非效率投资是困扰上市公司发展的顽疾，不仅损害企业的可持续增长，而且极大地损害了中小股东的利益。在我国上市公司大多是由国企改制而产生的特殊制度背景下，源于股东和管理层的委托代理冲突，使得管理者忽视了投资作为价值增值的重要活动，导致我国上市公司的投资行为存在投资效率低下的状况，过度投资和投资不足是上市公司经营中存在的重要问题，委托代理问题和信息不对称问题是使得企业投资效率低下的最主要的经济学动因。健全有效的内部控制主要通过对经营活动的控制和法律法规遵循的控制、防止和发现舞弊、保证财务报告的质量并及时提供可靠的财务信息，降低企业与外部投资者的信息不对称，缓解企业的非效率投资问题（柳建华，2010；冯宝军等，2013；罗明琦，2014；池国华等，2016）。而内部控制缺陷的存在则增加了公司的外部融资成本，银行也给予存在内部控制缺陷的公司更严格的契约条款（Kim 等，2011；Costell 等，2011）。因此，有必要探究市场化改革背景下上市公司高管权力通过影响内部控制缺陷这一传导机制产生的非效率投资效应。

由此引出本研究的以下问题：董事会作为公司治理结构的核心，股东利益的代表，是高管权力机会主义行为的主要制约力量之一，监督内部控制实施过程；由内部审计部门和外部审计共同组成的审计监督机制是内部控制制度有效实施的保障，尤其是外部审计，不仅评价公司年度报告，还实施内部控制鉴证，是提高内部控制有效性的重要制度安排。那么，具有什么特征的董事会和审计监督会发挥较好的监督治理作用，又会怎样影响内部控制缺陷？在目前公司股东大会形同虚设、监事会治理边缘化的情形下，高管权力会对董事会、审计监督在内部控制中的治理效力产生怎样的影响？进一步地，由于高管在内部控制建立、具体运行和评价过程中起关键性作用，强权高管是怎样超越董事会与审计监督的制约，凌驾于内部控制之上，影响内部控制缺陷存在可能性的？有怎样的影响机理？

此外，随着市场化改革的推进，制度环境不断改善，市场化改革对高管权力的制约力度增强，对高管权力产生塑造效应，那么，外部市场化改革对高管权力与内部控制缺陷之间的关系会产生怎样的影响？外部市场化改革对于不同类型上市公司发挥的治理作用存在差异，如垄断性行业与竞争性行业在价格管制、进入壁垒等方面存在显著差异；国有企业主要集中于行政垄断性行业，民营企业更多涉及的是竞争性行业，且受外部市场化改革的影响高于国有企业等（辛清泉等，2009；吴祖光等，2011；卢闯等，2013；邵传林，2015）。这些不同类型上市公司的自身特征会在一定程度上限制市场力量作用的发挥，从而导致市场化改革对于企业高管权力机会主义行为塑造效应的差异。相应地，本研究需要考虑上市公司的行业属性与产权性质差异。进一步地，高管权力通过对内部控制缺陷的影响，对于企业非效率投资行为有怎样的传导机制？

综合以上分析，本研究拟基于企业高管凌驾内部控制导致内部控制失效，及上市公司非效率投资行为严重损害投资者利益的现实，遵循行为金融理论中管理者“权力→动机→条件”的研究逻辑，围绕“多层次视角下企业高管权力对内部控制缺陷的影响机制研究”这一问题，以高管权力为切入点，多层次视角剖析高管权力对内部控制缺陷的影响机理及其经济后果：第一，挖掘微观层面我国上市公司高管权力对内部控制缺陷的影响机理；第二，结合宏观层面的市场化改革背景，揭示市场化改革调节下不同类型上市公司高管权力对异质性内部控制缺陷的影响差异；第三，剖析高管权力对内部控制缺陷影响的非效率投资效应。

1.1.2 研究意义

内部控制作为一种解决企业不同层级间代理问题的重要内部制度安排，其建立健全有助于控制企业的经营发展风险，为企业的资产安全、财务报告完整可靠、经营效率的提高等方面提供合理保证，能够在更大程度上保障投资者等社会公众利益。但如果存在内部控制缺陷，则会阻碍内部控制目标的实现，出现高管舞弊、信息披露不实等企业经营违规事件，严重影响社会经济秩序。对此，为加强企业内部控制建设，SOX 法案及《企业内部控制基本规范》等诸多内部控制规范相继出台。那么，如何切实贯彻落实好这些规范？以真正发挥规范的价值、提高规范制度的实施效果？同时，我国上市公司普遍存在非效率投资行为，严重损害投资者利益，需要加强引导监管。由此，本研究考虑到“人”作为规范制度实施的主体，其主观能动性是影响规范实施效果的关键性因素，而企业高管在内部控制设立和执行过程中起决定性作用，其行为决策势必会影响内部控制规范实施效果。本研究以高管权力为切入点，基于我国市场化改革的制度背景，深入研究了高管权力与公司内外部权力监督约束机制的互动对内部控制缺陷的影响。进一步地，基于非效率投资行为严重阻碍企业可持续发展的现实，从内部控制缺陷的存在使得内部控制难以降低企业与外部投资者的信息不对称程度的角度，检验高管权力膨胀情形下对内部控制缺陷的影响引致的非效率投资效应。具有以下研究意义：

1. 实践意义

（1）有助于企业加强董事会和审计监督的治理能力建设

董事会作为广大股东的代表和公司治理结构的核心，对于内部控制的有效实施肩负着重要的责任。内部审计和外部审计构成的审计监督机制，所进行的专业的审计监督，有利于增强财务报告的可靠性及内部控制自我评价报告的真实性。本研究基于我国上市公司内部治理结构尚未充分发挥治理作用，高管掌握企业实际经营控制权的现实，研究了高管权力干预下，董事会特征和审计监督对内部控制缺陷的影响。一方面，可以增强企业加强董事会、审计委员会建设的动机，为相关部门加强内部审计部门，改进审计师聘任机制，增强审计监督治理能力，以促进提高内部控制质量提供政策参考，另一方面为加强治理层面内部控制建设，遏制高管滥用职权的机会主义行为，增强内部控制规范的实施效果提供经验证据。有助于上市公司深入理解高管在内部控制运行中的主导作用，采取措施以规范高管遵循内部控制制度的动机，针对不同产权性质、不同行业属性的上市公司实施分类治理，增强内部控制规范体系的落实力度，以降低内部控制缺陷发生率，抑制非效率投资提供有益的经验证据。

（2）有助于企业采取措施合理制约高管权力

现代企业所有权和经营权相分离，管理层拥有企业的实际控制权，是内部控制设立及实施的主要负责人，在内部控制运行过程中发挥关键性作用，其经营决策对内部控制的有效实施会产生重要影响。本研究以高管权力视角，基于企业内部控制实施中多因素共同作用的现实，深入分析了高管权力影响董事会、审计监督机制在内部控制中治理功能的机会主义行为，并在实证检验高管权力影响董事会和审计监督治理效力的基础上，进一步深入研究高管权力是否及如何对内部控制缺陷产生影响。从作为内部控制实施主体的“人”这一微观层面，分析了内部控制无力或失效等一系列问题，有助于深入理解企业高管在内部控制实施中的主导作用，引导规范企业高管树立正确的内部控制意识，增强高管遵循内部控制规范的动机，优化高管权力配置结构，明确降低上市公司内部控制缺陷发生率、以遏制上市公司非效率投资行为的着力点。

（3）为从宏观层面寻求降低内部控制缺陷发生率的外部机制提供实践指导

本研究结合宏观层面市场化改革的制度背景，探究市场化改革对内部控制实施过程中企业高管权力的塑造效应，挖掘出影响高管权力机会主义行为的深层次制度层面的因素，并检验了市场化改革对高管权力与内部控制缺陷之间关系的调节效应，及这种调节效应在不同特质企业中的差异。为从制度层面以市场化改革为契机针对不同类型、不同层次的企业实施分类治理，合理制约高管权力，减少高管在内部控制运行过程中的机会主义行为，推进内部控制规范体系的贯彻落实，以降低内部控制缺陷发生率，减少企业非效率投资行为提供了有益的经验证据。

2. 理论意义

（1）有助于拓展内部控制缺陷影响因素的研究视角

既有研究集中于公司组织特征、财务状况和外部审计等单一因素对内部控制缺陷存在可能性的影响，本研究考虑上市公司内部控制实施中多因素共同作用的现实，深入分析强权高管通过影响董事会和审计监督的治理效力，进而对内部控制缺陷发生率影响的作用机理（深层原因及作用路径）。并将宏观层面的市场化改革与微观层面的高管权力相结合，基于外部市场化改革的制度背景，研究市场化改革调节下不同类型上市公司高管权力对异质性内部控制缺陷的影响，有利于揭示内部控制缺陷存在这一“黑箱”。进一步地，探究高管权力对内部控制缺陷影响的非效率投资效应，较系统地研究了高管权力对内部控制缺陷的影响机理及其经济后果，有助于更加全面地揭示上市公司高管权力对内部控制缺陷的影响机制，拓展了内部控制缺陷相关研究的维度。

（2）有助于丰富高管权力的相关研究内容

已有关于高管权力的相关文献大多是围绕薪酬激励等相关问题，本研究则将高管权力应用于内部控制缺陷研究中。考虑到企业高管在内部控制制度设立、执行过程中发挥关键性作用，在我国经济转轨时期，上市公司治理结构未充分发挥治理作用的情形下，极易发生高管强权凌驾于内部控制的现象，势必会影响内部控制缺陷存在的可能性。由此，本研究深入分析了高管权力是否及如何影响内部控制缺陷存在可能性的动机及作用机理，并在拓展性检验中，针对不同性质内部控制缺陷、不同类型企业进行了实证检验，进一步地，针对企业非效率投资现象凸显的现实，研究了企业高管权力对内部控制缺陷影响的非效率投资效应，丰富了高管权力相关研究内容。

（3）有助于拓展非效率投资的相关研究内容

已有关于非效率投资影响因素的研究多从微观层面的企业控股股东性质、股权集中度、股权制衡度、机构投资者持股、融资约束、公司治理特征、内部控制等方面，及宏观层面的经济政策、产品市场竞争、制度环境、信息披露制度等方面展开，较少有研究基于高管权力，考虑内部控制运行中多因素共同相互作用的效果，考查企业高管权力对内部控制缺陷影响的非效率投资效应。由此，本研究根据过度投资与投资不足这两种不同类型非效率投资的特征，考虑不同产权性质企业的差异，检验了高管权力通过对内部控制缺陷的影响，进而对不同类型非效率投资的作用效果在不同产权性质企业中的差异。

1.2 核心概念界定

1.2.1 内部控制

内部控制含义的界定有多种不同的解释，原因在于内部控制的控制范围随着时间推移在不断地演进扩展，导致各国关于内部控制的界定不一致（李三喜、徐荣才，2008）。1949 年，美国 CPA 协会最早提出内部控制，将内部控制视作是企业采取的一系列达到既定目标的方法和措施，这些目标是保护企业资产、财务数据准确、提高总体经营效率。并且建立了内部控制的模式，内部控制被分为会计控制和管理控制。1992 年，COSO 发布的《内部控制——整体框架》，在内部控制界定方面有了新发展，从过程分析的角度进行界定，内部控制被看作是一种管理控制过程，这种过程开展的主体是企业管理者、董事会及其他员工，主要目的是为企业运营效率、财务报告真实和法规遵循程度提供保证，并且指出了主要包括 5 个方面，即控制环境、风险评估、控制活动、信息与沟通和监督。2004 年，COSO 从更广的层面扩展了内部控制的范围，在《企业风险管理——整合框架》中指出内部控制具有八要素，在原有五要素的基础上，具体地增加了目标制定、事项识别和风险反映这三个要素，进一步地将内部控制的范畴扩展到了企业风险管理领域。2008 年 5 月，我国五部委发布的《企业内部控制基本规范》也基于企业全面风险管理的过程视角界定了内部控制的含义。2013 年，COSO 发布了最新的内部控制框架，提出了关于内部控制具体操作层面的 17 条原则。

从以上内部控制含义被不断扩充的发展历程可以看出，内部控制的含义逐渐由以控制程序和控制政策的角度进行静态的界定，发展到以动态演化的视角，即内部控制逐渐被看作是一个企业实施的有既定目标的控制过程。可以看出，对于内部控制的认识是一个不断发展完善的过程，由最初从对内部控制目标认定开始，逐步发展为具备风险管理功能的，明确指出内部控制的参与主体、详细规定内部控制实施目的，并涉及整个企业运营过程的界定。

1.2.2 内部控制缺陷

关于内部控制缺陷概念的界定方面，国外研究中，内部控制缺陷（Deficiency）主要是针对财务报告内部控制方面。其中，2002 年，美国证券交易委员会（SEC）首次提出了财务报告内部控制，SEC 认为财务报告内部控制主要从以下 4 个方面对财务报告质量提供合理保证：一是关于资产的使用方面；二是公司业务活动开展实施方面；三是业务活动的记录方面；四是财务报表的编制方面。2003 年 6 月，SEC 依据《萨班斯法案》404 条款，在关于财务报告及定期报告披露的规定中，内部控制缺陷被看作是企业内部控制设计或运行方面的不足，这种不足会对企业财务报告报送等活动产生影响，按照程度划分为控制缺陷（Control deficiency）、重要缺陷（Significant deficiency）及实质性漏洞（Material weakness）。其中，实质性漏洞的严重性最大，它是企业一个或诸多个财务报告内部控制重要缺陷的综合集成，这种缺陷的存在会导致企业的年度或中期财务报告发生重大错报（Material misstatement）。重要缺陷是指那些相较于实质性漏洞，严重性程度较轻的财务报告内部控制缺陷或其他缺陷的集合，这些缺陷也会引起财务报告监督人员的足够关注。2004 年，美国 COSO 委员会将内部控制缺陷界定为在内部控制运行中，企业已经察觉的、潜在的未发生的或实际已经存在的缺点，或者是一些不足，但通过采取一定措施可以减少他们的存在，以促成内控目标实现。

我国相关规章制度关于内部控制缺陷的界定经历了一个逐渐完善的过程。2000 年，证监会从对于商业银行、保险公司等金融机构的相关内控制度的建立开始，要求 CPA 对内部控制实施情况进行评价，并提出要进一步改进的建议，最后协助企业出具内控评价报告，该内部控制评价报告与企业年报一起需要报送，如果存在内部控制缺陷，董事会和监事会需要说明情况，并对外披露，这在一定程度上表明内部控制缺陷受到了广泛的关注。随后，2007 年，《中国注册会计师审计准则》明确提出，内部控制缺陷是指那些在企业内部控制设计或执行过程中的严重不足，该不足的存在对于企业管理者或员工来说，难以在企业正常运行过程中，迅速及时地发现并纠正一些错误或舞弊引起的，有关企业财务报告方面的重大错报。但缺乏关于内部控制缺陷严重程度的判断标准。2008 年，《企业内部控制评价指引》指出内部控制缺陷可以分为设计缺陷和运行缺陷两种。假如在企业控制设计方面，不能使企业管理人员或员工在日常履行职责时有效及时地防止差错，则说明存在着设计缺陷，这些设计缺陷主要是在内部控制制度设计或内部控制程序设计方面的不规范。运行缺陷主要是指在内部控制设计有效的前提下，在控制程序运行过程中出现的那些使得控制设计原则被违背而产生的内部控制缺陷。2010 年，内部控制配套指引根据严重程度不同，划分为缺陷、应关注缺陷及重大缺陷 3 种类型。并列举了表明企业内部控制可能存在重大缺陷的 4 种迹象，这些迹象在一定程度上为内部控制缺陷的认定提供了依据。作为国际权威投资信用评估机构的穆迪投资者服务公司指出，可以从公司整体治理层面和财务报告层面划分内部控制缺陷，由此依据性质不同，将内控缺陷分为两类：一是治理层面的内部控制缺陷，二是财务报告层面的内部控制缺陷。前者主要是指诸如控制环境和整个业务运营等方面的缺陷，后者主要是指那些使得会计报表或附注出现错误的缺陷。

总之，目前关于内部控制缺陷尚未达成共识（杨有红、李宇立，2011）。因内部控制缺陷的存在对于各种控制目标的实现构成严重阻碍，上市公司对内部控制进行评价的主要目的在于，可以对内部控制实行监控，以便找出内部控制在设计中或运行中存在的问题或不足，并采取措施予以实时修复，为促使各种控制目标得以实现提供合理保证（张兆国等，2011）。美国 COSO 认为内部控制缺陷是指那些内部控制中潜在或已被察觉的、减小控制目标实现可能性的缺陷，我国则在内控评价指引中界定了不同严重程度的内部控制缺陷，这些界定主要是从对于控制目标的偏离角度进行的划分。鉴于此，本研究参照内部控制目标，依据《企业内部控制审计指引》来认定内部控制缺陷，具体在实证章节部分详述。

1.2.3 高管权力

在对高管权力界定前，首先要明确哪些人员是企业高管。企业管理层主要是从委托代理关系的角度出发，指接受所有者的委托，其职责主要是对于企业的经营活动进行管理，并相应地可以获得部分剩余控制权的经营管理者。国外通常将高管界定为高级管理人员，主要包括首席执行官、总裁及首席财务官等人员（Krishnan H. A. 1998）。国内关于高管人员认定方面，一类是认为董事长和总经理是企业高管（吴文锋等，2008）；一类是依据《公司法》，认为总经理、董事会秘书、财务总监等是企业高管（王华、黄之骏，2006；罗富碧等 2008）；一类是将上市公司高管报酬的前三名作为高管的研究对象（刘凤委等，2007）。而根据委托代理理论，股东与以 CEO 为代表的管理者之间的利益冲突是上市公司代理问题的主要表现。如果把上市公司的高层管理者都认定为高管，就可能会引致委托代理关系的模糊，故本研究中的高管不包括企业董事会成员与监事会成员，仅包括以 CEO 为首的高层管理者。

目前，学术界对高管权力概念的认识不统一。Yukl（2002）认为管理者权力主要是在企业日常经营管理中获得的，来自于企业组织的内部，相应地，管理者在企业管理方面的影响力，主要依赖于权力的表现。有关高管权力的界定方面，国外研究者更多是将其界定为 CEO 权力，French 等（1959）的研究将高管权力的来源分为法定权、奖赏权、强制权、专业权和参考权 5 种。Finkelstein（1992）则认为高管权力是高管拥有的超出其控制权范围的，能够使企业战略朝自己个人意愿方向发展的能力，并进一步将高管权力划分为专家权力、声望权力、结构权力与所有权权力 4 个维度。而 Bebchuk 等（2002）则认为高管权力主要是指企业高管在公平的薪酬谈判过程中所拥有的讨价还价的能力。

综合以上分析，本研究认为高管权力是高管执行自身意愿的综合能力，而健全有效的内部控制是对高管权力行为的重要制约机制，在约束高管的个人偏好和攫取私利行为方面发挥着重要作用。但若内部控制制度的设计或实际执行过程中存在漏洞，在公司内部治理不完善和外部约束机制薄弱的情况下，随着高管权力的膨胀，高管极易凌驾于公司治理、内部控制之上，内部控制就难以发挥对高管机会主义行为的制约作用。相应地，高管权力的增大会对企业内部控制制度规范的贯彻实施过程产生影响。

1.2.4 非效率投资

有关上市公司投资行为的研究是公司理财研究中关注的主要问题。公司理财研究中所指的投资主要包括两类，一类是实物资产投资，另一类是金融资产投资，实物资产投资包括广义投资与狭义投资两种，狭义的实物资产投资主要是指企业为扩大再生产规模而进行的购建固定资产、无形资产、其他长期资产及开发支出等非流动资产投资，广义的实物资产投资还包括存货等流动资产的投资；而金融资产投资主要是指企业进行的股权、债权投资等以最终取得分配收益而进行的投资。本研究所指的企业非效率投资问题主要是指与企业进行的狭义层面的实体资产投资相关的非效率问题，具体包括固定资产、开发支出、无形资产、投资性房地产及其他非流动资产投资，不包括企业进行的金融资产投资。

假设资本市场是完全有效的，公司的相关投资政策仅取决于采用托宾 Q 来计量的投资机会（Tobin's，1969）。但实际情况是由于现实的资本市场中存在各种信息不对称与委托代理冲突，实际资本市场存在种种摩擦，导致公司普遍存在非效率投资现象。从财务管理的角度进行分析，依据股东财富最大化的企业经营目标，企业实际是以投资项目的净现值（NPV）与零的关系是大于或等于零作为选择投资项目的基本依据，即若企业不存在资本约束，应选择投资于所有的净现值大于或等于零的投资项目，而放弃那些净现值小于零的投资项目，这种投资称为企业有效率的投资，投资效率最高。

但现实中，公司存在诸多非效率投资，主要表现为过度投资与投资不足。假定公司不存在融资约束，若企业进行投资决策时选择了净现值小于零的投资项目，则称之为“过度投资”（Jensen 1976）；若企业进行投资决策时放弃了净现值大于零的投资项目，则称之为“投资不足”（Myers 1977）。在权益资本成本和债务资本成本的融资约束下，源于信息不对称的逆向选择行为，企业管理层容易做出投资不足的投资决策；而源于信息不对称的道德风险问题，出于营造企业帝国等目的，企业管理成容易做出过度投资的投资决策。借鉴 Richardson（2006）的研究方法，本研究将过度投资界定为企业实际投资于净现值小于零的投资项目，企业的实际投资规模大于预期的投资规模；投资不足界定为企业放弃了那些净现值大于零的项目，企业的实际投资规模小于预期投资规模。

1.3 研究思路与研究内容

1.3.1 研究思路

本研究基于上市公司频发的财务欺诈等违规事件多以高管参与为特征，且高管掌握着企业实质控制权，在内部控制实施过程中起主导性作用的现实，以高管权力为切入点，遵循行为金融理论中管理者“权力→动机→条件”的研究逻辑，结合中国市场化改革的制度背景，考虑异质性内部控制缺陷及不同类型的上市公司，以多层次视角，剖析微观行为人（企业高管）与宏观制度环境（市场化改革）的共同作用对内部控制缺陷的影响机理及其经济后果，系统研究上市公司高管权力对内部控制缺陷的影响机制，具体包括：第一，上市公司高管权力对内部控制缺陷的影响机理；第二，市场化改革调节下上市公司高管权力对内部控制缺陷的影响；第三，上市公司高管权力对内部控制缺陷影响的非效率投资效应。图 1－1 为本研究的理论模型。

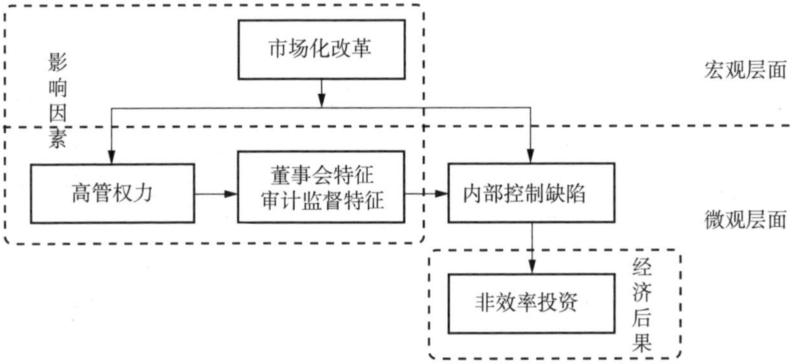

图 1－1　本研究的理论模型

本研究在分析上市公司高管权力形成及其监督约束机制的基础上，鉴于企业高管在内部控制制度设立及其运行过程中的重要作用，运用委托代理理论、信息不对称理论、不完全契约理论和寻租理论的成果，在文献综述的基础上，进行了制度背景与理论分析，又基于博弈论深入剖析了企业高管权力对内部控制缺陷影响的深层原因，接下来进行了实证研究，检验高管权力对内部控制缺陷影响的作用路径，及高管权力对内部控制缺陷影响的非效率投资效应，最后是研究结论与启示。

第一，本研究回顾了相关理论基础，接下来对内部控制缺陷的认定和分类、内部控制缺陷影响因素、内部控制缺陷经济后果、高管权力相关研究、市场化改革相关研究、非效率投资影响因素进行了文献综述。

第二，结合我国转轨经济时期国有企业与民营企业发展的历程，对高管权力的形成及其监督约束机制进行了分析。并结合深入推进市场化改革的制度背景，分析了市场化改革的深化与区域市场化进程的差异。然后，对市场化改革背景下高管权力对内部控制缺陷的影响进行了分析：基于董事会和审计监督是高管权力的重要监督约束力量，高管权力膨胀，在内部治理机构治理效果不佳的情况下，如果内部控制对国有企业高管的制约不够健全，则高管可以减弱董事会和审计监督的治理能力，凌驾于内部控制之上，对内部控制缺陷产生影响。同时，在市场化改革深化的制度背景下，制度环境改善增强了对高管权力的制约力度，对高管权力形成塑造效应，会调节高管权力的作用效果。

第三，基于博弈论分析信息不对称下企业高管权力对内部控制缺陷影响的深层原因。一则是高管与董事会之间的博弈分析，二则是企业高管与外部会计师事务所及证监会之间的多阶段动态博弈。

第四，实证检验高管权力对内部控制缺陷影响的作用路径。即企业高管对董事会和审计监督在内部控制中治理效力的影响，并进一步深入研究高管权力是否及怎样影响内部控制缺陷的存在。此外，基于市场化改革引致制度环境改善的背景，研究市场化改革对高管权力与内部控制缺陷间关系的调节效应。进一步地，检验高管权力对内部控制缺陷影响的非效率投资效应。

第五，总结了本研究的研究结论，提出上市公司如何合理制约高管权力，增强高管对内部控制规范执行的积极性，遏制高管凌驾于内部控制之上的机会主义行为，以降低内部控制缺陷发生率，缓解非效率投资效应的政策建议，研究局限及未来研究的方向。希望实现以下目标：

（1）明晰管理者与董事会、外部会计师事务所及监管部门之间的博弈均衡，剖析高管权力对内部控制缺陷影响的深层原因及作用路径，揭示高管权力对内部控制缺陷的影响机理；

（2）结合市场化改革的宏观制度背景，考虑市场化改革对高管权力机会主义行为的塑造效应，研究市场化改革调节下高管权力对内部控制缺陷的影响，并考察这种调节作用对异质性内部控制缺陷及不同产权性质、不同行业属性上市公司影响的差异；

（3）高管权力对内部控制缺陷影响的非效率投资效应，基于委托代理理论与信息不对称理论，研究高管权力对内部控制缺陷影响的非效率投资效应，挖掘高管权力对内部控制缺陷影响的经济后果。

希冀通过本研究，拓展内部控制缺陷研究的深度和广度，以便进一步认识内部控制缺陷存在性这一“黑箱”，明确防范上市公司内部控制缺陷频发、非效率投资尤其是过度投资现象严重的着力点；并在实践层面上为外部利益相关者从识别表征高管权力的相关信息入手，对上市公司内部控制运行优劣进行评判，为监管部门促进我国内部控制规范的贯彻落实提供监管启示，为促进监管政策的技术创新提供理论依据。

1.3.2 研究内容

本研究基于企业高管在内部控制建立及运行过程中的关键性作用，且高管掌握企业实质控制权，出于自利等机会主义动机，高管权力增大可能会削弱权力监督机制的治理效力，影响内部控制实施效果；同时，外部治理环境改善增强了对高管权力的监督作用，对高管权力在内部控制运行中机会主义行为的作用效果产生塑造效应。进一步地，分析高管权力对内部控制缺陷影响的非效率投资效应。以多层次视角分析企业高管权力对内部控制缺陷的影响机制。全书共分九章，具体每章研究内容为：

第一章是绪论。深入分析了本研究的研究背景，并提出研究问题，概括了研究意义。并对研究中的相关核心概念进行了界定，接着对研究思路、研究内容、研究方法进行了介绍，并勾勒了本研究的研究框架，最后是可能创新点的总结。

第二章是理论基础与相关文献综述。本章采用文献研究法对与本书相关的理论和现有研究文献进行了总结述评，简述了本研究涉及的 4 个理论基础，主要包括委托代理理论、信息不对称理论、不完全契约理论及寻租理论；回顾和评述了内部控制缺陷的认定和分类、内部控制缺陷影响因素、内部控制缺陷经济后果、非效率投资影响因素、高管权力与市场化改革相关的文献。

第三章是制度背景与理论分析。本章首先分析了我国国有企业与民营企业高管权力的形成，接着从公司内部治理结构和外部市场机制两个层面分析了高管权力的监督约束机制。并基于“渐进式”市场化改革深入推进与区域市场化发展不平衡的制度背景，分析了外部宏观层面市场化改革作用下，高管权力对内部控制缺陷的影响。以高管权力的视角，一是分析了高管权力影响董事会和审计监督机制在内部控制中的治理效力，进而影响内部控制缺陷的机理；二是分析了外部制度环境改善对高管权力形成的直接约束与间接约束增强，从而对高管权力与内部控制缺陷之间的关系产生的调节作用。最后，分析了我国企业存在非效率投资行为的现实。

第四章是基于博弈论的高管权力对内部控制缺陷影响的深层原因分析。根据信息经济学，信息不对称会引致道德风险，在我国上市公司内部控制实施过程中，高管与内部董事会、外部会计师事务所及监管部门之间存在信息不对称，从趋利避害和成本效益的角度分析，高管有最大化自身利益的动机。在当前公司股东大会形同虚设、监事会治理边缘化的情形下，对高管的行为决策履行监督职能的董事会、外部会计师事务所及监管部门，亦会根据自己所拥有的信息，做出最大化自我利益的策略选择。由此，存在基于“动机选择”的博弈，本研究进行企业高管与董事会之间的博弈分析，企业高管与会计师事务所、证监会之间的多阶段动态博弈分析，剖析上市公司高管权力影响内部控制缺陷存在的深层原因，为下文揭示高管权力对内部控制缺陷影响的作用路径做理论铺垫。如图 1－2 所示。

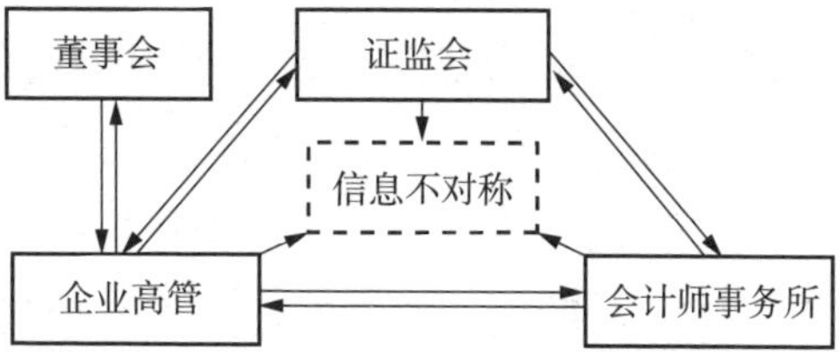

图 1－2　企业高管与董事会的博弈、企业高管与证监会及会计师事务所的博弈

第五章和第六章是实证检验高管权力对内部控制缺陷影响的作用路径。造成上市公司内部控制失效的根源，主要是高管合谋、越权凌驾于内部控制之上等，其根本是忽视了治理层面的内部控制，对高管权力的监督机制失效导致的（Denis 等，2000）。本研究按照“权力→动机→条件”的逻辑，基于股东大会形同虚设，监事会治理边缘化的现实，主要考虑董事会和审计监督二者的监督作用。董事会特征变量，选取董事会特征的 4 方面——董事会独立性、董事会稳定性、董事会异质性和董事会审计委员会存续时间，审计监督特征变量，主要从内部审计、审计委员会和外部审计 3 方面进行选取，研究高管权力影响董事会和审计监督的治理效力，进而影响内部控制缺陷发生率的作用路径，如图 1－3 所示。

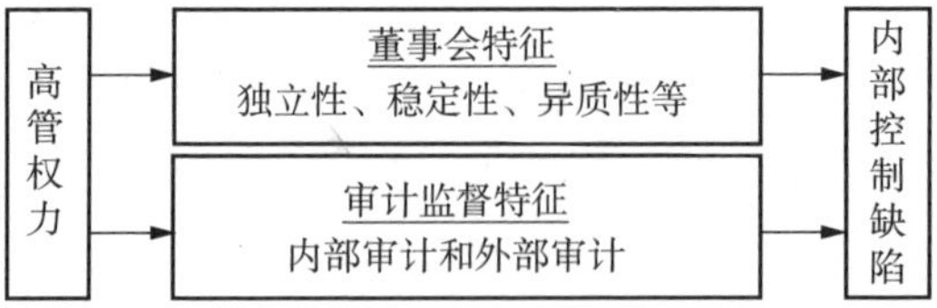

图 1-3　企业高管权力对内部控制缺陷影响的作用路径

具体地，第五章是高管权力、董事会特征与内部控制缺陷。本章选取董事会特征的 4 个方面——董事会独立性、董事会稳定性、董事会异质性和董事会审计委员会存续时间，理论分析了董事会特征对内部控制缺陷的影响并提出相应的研究假设；其次，剖析了高管权力影响董事会履职，削弱董事会治理效力的作用路径；最后，以 2009—2013 年，我国沪、深两市 A 股上市公司为样本，实证研究了董事会特征对内部控制缺陷的影响，高管权力对董事会特征与内部控制缺陷之间关系的调节作用。

第六章是高管权力、审计监督特征与内部控制缺陷。本章首先从内部审计和外部审计两个方面界定审计监督机制，分别选取审计监督的 4 个特征变量——内部审计独立性、内部审计部门规模、注册会计师审计质量和是否进行内部控制审计，理论分析审计监督对内部控制缺陷的影响，提出相应研究假设，其次，实证检验审计监督对内部控制缺陷的影响，高管权力作用下审计监督对内部控制缺陷的影响。

第七章是高管权力、市场化改革与内部控制缺陷。本章首先理论分析了高管权力对内部控制缺陷存在可能性的影响，市场化改革对高管权力的影响力度增强，对高管权力形成塑造效应，进而影响内部控制中高管权力作用效果的机理，提出相应的研究假设。接着构建 logistic 模型，就高管权力构成各维度及高管权力综合指标对内部控制缺陷的影响进行实证检验，并结合市场化改革的制度背景，实证检验了市场化改革对高管权力与内部控制缺陷之间关系的调节作用。进一步地，检验了高管权力对不同性质内部控制缺陷影响的差异，市场化改革对不同行业属性（保护性行业和竞争性行业）、不同产权性质企业（中央国企、地方国企和民营企业）高管权力塑造效应的差异。

第八章是高管权力、内部控制缺陷与非效率投资。本章基于委托代理理论与信息不对称理论，从健全有效的内部控制可以促进企业经营管理活动合法合规、信息披露真实可靠等层面，分析存在内部控制缺陷的上市公司难以降低企业的信息不对称程度，阻碍信息在组织中相关部门和人员之间的传递，影响信息和沟通的效率、影响项目评估、执行和预算质量，影响有效选择和执行公司的投资项目等方面，分析内部控制缺陷对公司非效率投资的影响。针对上市公司存在严重预算软约束的特殊情况，着重从客观方面的投资活动所需的资金，主管方面的企业高管的社会地位、升迁机会及各种收益所得等方面，剖析内部控制缺陷的存在对非效率投资的影响，尤其注重对过度投资的分析。进一步地，高管权力膨胀，通过影响内部控制缺陷的存在引致非效率投资效应，提出研究假设，并进行实证检验。

第九章是研究结论与展望。本章首先总结了全文的主要研究结论，进一步提出相应的对策建议：一是微观层面。不仅要增强董事会、监事会、审计监督等的治理能力，继续完善公司内部治理机制，且要合理配置高管权力构成，制约高管权力，并引导企业管理层树立正确的投资理念，；二是宏观层面。要深化市场化改革，提高区域市场化进程，增强市场配置资源的能力，完善职业经理人市场，建立健全内部控制缺陷信息披露制度，加大媒体监督力量等，以合理制约高管权力，防范高管凌驾于公司治理和内部控制之上，降低内部控制缺陷发生率，进而遏制企业非效率投资行为。最后，剖析了本研究的局限及不足，对内部控制缺陷方面相关的未来研究内容进行了展望。

1.4 研究方法与研究框架

1.4.1 研究方法

本研究主要采用内容分析、文献研究与实证研究相结合的研究方法。内容分析法基于诸多上市公司财务欺诈违规等内部控制失效案例均有高管参与的现实，分析基于信息不对称的企业高管作为局中人的动态博弈，剖析上市公司高管权力对内部控制缺陷存在影响的深层原因；文献和文本研究主要用于剖析高管权力对内部控制缺陷影响的作用路径分析，及市场化改革调节下高管权力对内部控制缺陷的影响、高管权力对内部控制缺陷影响的非效率投资效应；实证研究则通过搜集上市公司数据对研究假设进行验证。详见表1-1。

表1-1　本研究的研究方法

研究内容		研究方法	研究方案
高管权力对内部控制缺陷的影响机理	深层原因	文献法、内容分析法	通过梳理有关文献，构建上市公司高管权力对内部控制缺陷影响深层原因的理论模型
		基于信息不对称的动态博弈模型	构建企业高管与董事会的博弈分析、企业高管与外部会计师事务所及监管部门之间的多阶段动态博弈模型，求出阶段博弈模型的混合策略纳什均衡解，剖析高管权力对内部控制缺陷存在性影响的深层原因
	作用路径	文献法、内容分析法	通过梳理有关文献，构建高管权力对内部控制缺陷影响作用路径的理论模型，为后面实证研究打下基础
		二元 logistic 模型	分析高管权力作用下董事会特征、审计监督对内部控制缺陷的影响，采用在模型中加入交互项的方法，以体现高管权力通过对董事会特征及审计监督治理效力的影响，进而对内部控制缺陷影响的内在机理
市场化改革调节下高管权力对内部控制缺陷的影响		文献法、内容分析法	通过梳理有关文献，构建市场化改革调节下高管权力对内部控制缺陷的影响——基于异质性内部控制缺陷视角的理论模型，为后面的实证研究打下基础
		二元 logistic 模型	将内部控制缺陷公司划分为公司层面内部控制缺陷与财务报告层面内部控制缺陷两组，检验市场化改革调节下高管权力对异质性内部控制缺陷的影响，进一步地，将样本公司分为中央国企、地方国企与民营企业3类，检验市场化改革对这三组上市公司高管权力行为塑造效应的差异
高管权力对内部控制缺陷影响的非效率投资效应		文献法、内容分析法	通过梳理有关文献，构建高管权力对内部控制缺陷影响的非效率投资效应的理论模型，为后面的实证研究打下基础
		多元回归模型	检验上市公司高管权力对内部控制缺陷影响的非效率投资效应。并根据非效率投资性质分为过度投资与投资不足两类，借鉴已有研究，用公司的实际投资水平减去期望投资水平，得出i公司t年的非效率投资水平，若公司的非效率投资水平大于0，则表明公司过度投资；若公司的非效率投资水平小于0，则表明公司投资不足，并对其取绝对值，构建多元回归模型进行实证检验，以验证不同类型非效率投资效应的差异

具体地，本研究所采用的实证研究方法包括：主成分分析法、单变量分析、描述性统计和 logistic 回归分析。主成分分析法用来对高管权力的构成维度进行分析，合成高管权力综合指标，以对高管权力进行衡量；单变量分析用于检验不同高管权力集中程度样本中，董事会特征对内部控制缺陷影响程度的差异；描述性统计分析对实证模型涉及的主要变量进行较直观的比较分析；logistic 回归分析主要用来分析高管权力、董事会治理、审计监督、市场化改革这些影响因素对内部控制缺陷的影响，同时在分析高管权力对董事会与审计监督在内部控制中的治理效力产生影响时，及市场化改革对高管权力形成塑造效应时，采用在回归模型中加入交互项的方法，以体现高管权力与这些因素间的互动，进而影响内部控制缺陷存在可能性的机理，更接近于现实中多种因素共同作用的实际。多元回归分析主要用来检验高管权力对内部控制缺陷影响的非效率投资效应，同样地，在构建多元回归模型检验内部控制缺陷对非效率投资的基础上，加入高管权力与内部控制缺陷的交互项，以检验高管权力膨胀情形下，对内部控制缺陷的影响引致的非效率投资效应。

需要补充说明的是，本研究没有采用用来处理多个变量之间两两相互影响，存在结构关系的结构方程模型（SEM）。原因在于本研究并非研究高管权力、董事会特征与内部控制缺陷之间的结构关系，亦非研究高管权力、审计监督与内部控制缺陷三者之间相互作用的结构关系，及高管权力、内部控制缺陷与非效率投资之间的结构关系，而主要是在分析研究董事会特征对内部控制缺陷影响及审计监督对内部控制缺陷影响的基础上，深入探究高管权力对董事会、审计监督治理效力的影响作用及其与内部控制缺陷的关系；在分析内部控制缺陷对非效率投资影响的基础上，深入探究高管权力膨胀对内部控制缺陷的影响引致的非效率投资效应。同样地，本研究从外部市场化改革对高管权力约束力度增大的角度，研究市场化改革对高管权力与内部控制缺陷间关系的调节效应，不是研究高管权力、市场化改革与内部控制缺陷之间的结构关系。因此，本研究基于多层次视角，首先研究高管权力削弱董事会和审计监督的治理效力，进而影响内部控制缺陷存在的可能性；其次研究外部市场化改革对高管权力形成的塑造效应，即市场化改革对高管权力与内部控制缺陷之间关系的调节作用；最后，研究高管权力对内部控制缺陷影响的非效率投资效应。

1.4.2 研究框架

本研究的研究框架如图 1-4 所示。

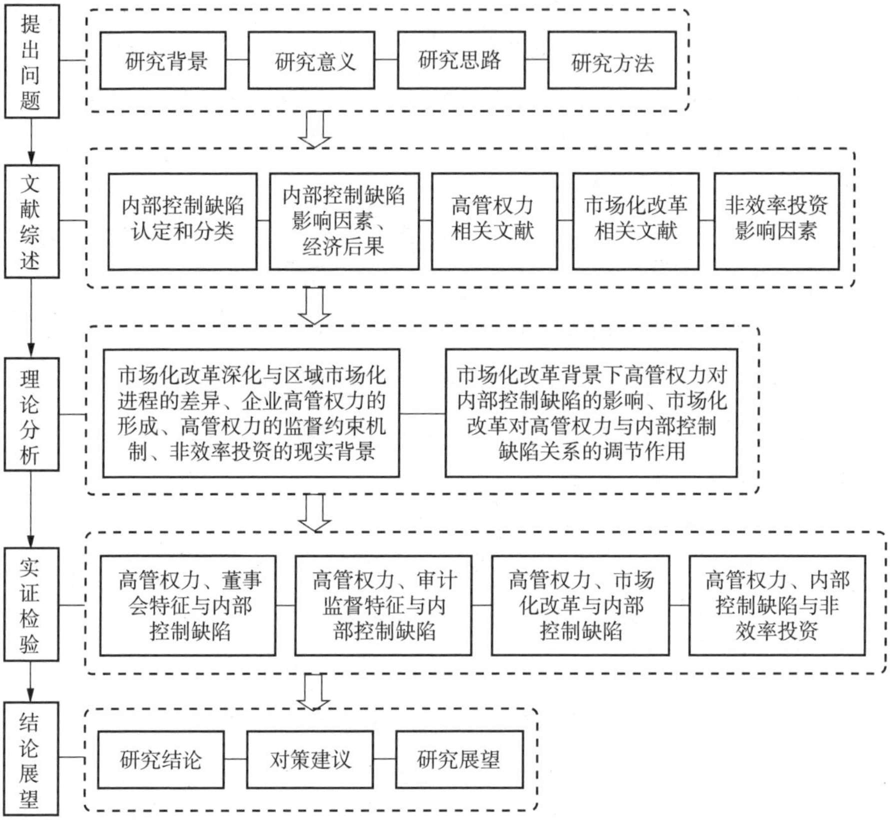

图 1-4 研究框架

1.5 主要创新点

考虑到企业高管在内部控制制度建立和运行过程中起着重要作用，在公司内部治理结构不完善和高管自利等动机综合作用下，高管权力膨胀可能会引致其攫取私利行为的发生。在公司治理结构中权力监督约束机制弱化、内部控制设计或运行中存在缺陷的情形下，高管可能会在内部控制运行过程中滥用权力、实施权力寻租行为，凌驾于内部控制之上，进而影响内部控制缺陷存在的可能性。具体地，高管可以通过影响董事会和审计监督等权力监督机制的治理能力，进而影响内部控制缺陷存在的可能性。同时，随着市场化改革的深入推进，外部制度环境不断改善，市场化改革对高管权力的约束力度增大，对高管权力形成塑造效应，即市场化改革会调节高管权力与内部控制缺陷间的关系。此外，非效率投资行为严重阻碍企业的可持续发展，成为经济体制改革的顽疾。内部控制缺陷的存在使得内部控制难以缓解委托代理冲突，有效监控企业投资决策行为，势必会影响非效率投资行为，尤其是在高管权力膨胀的情形下，高管权力对内部控制缺陷的影响会引致非效率投资效应。鉴于此，本研究以多层次视角，深入分析企业高管掌握企业实质控制权情形下，如何才能合理配置和制约高管权力，以减少高管凌驾于内部控制之上的现象，切实降低内部控制缺陷发生率，缓解非效率投资行为为出发点，研究企业高管权力对内部控制缺陷的影响机制，可能的创新点如下：

（1）以高管权力为基点，结合企业内部控制实施中多因素共同作用的现实，系统研究了高管权力对董事会特征和审计监督特征在内部控制运行中治理效力的影响。关于内部控制缺陷影响因素的研究，已有文献多集中于公司组织特征、财务状况和外部审计等客观因素方面。考虑到作为内部控制执行主体的“人”这一主观因素，以高管权力的视角，结合中国上市公司高管特征，通过合成高管权力综合指标，分别选取董事会和审计监督特征变量，实证研究了高管权力对董事会特征和审计监督特征变量治理效力的影响。对于公司治理中完善董事会和审计监督机制，合理配置高管权力，为提高内部控制实施效果提供经验证据。

（2）深入研究了高管权力是否及如何对内部控制缺陷产生影响的问题。现有文献多从企业经营复杂性、经营风险、内控建设及公司治理结构等方面研究内部控制缺陷存在的影响因素，而较少关注企业高管在内部控制运行过程中的机会主义行为对内部控制实施效果的影响，本研究基于高管权力，在研究高管权力影响董事会和审计监督治理效力的基础上，深入研究了高管权力能否和怎样影响内部控制缺陷的存在，即实证检验了高管权力构成的不同维度及其综合指标对内部控制缺陷的影响，并研究了高管权力对两种不同性质内部控制缺陷（公司层面内控缺陷和财务报告层面内控缺陷）影响的差异。进一步地，结合企业非效率投资现象严重的现实，研究了高管权力对内部控制缺陷影响引致的非效率投资效应。这是对高管权力研究领域的拓展，并为内部控制缺陷研究提供了新视角。

（3）研究了宏观层面的市场化改革对企业高管权力与内部控制缺陷间关系的调节作用。基于市场化改革的制度背景，研究了市场化改革对高管权力形成塑造效应，进而会调节高管权力与内部控制缺陷之间关系的问题。并进一步检验这种调节效应在保护性行业与竞争性行业中的差异，在中央国企、地方国企与民营企业中的差异，为继续深化市场化改革，针对不同类型企业实施分类治理，合理制约高管权力以切实降低内部控制缺陷发生率提供了经验证据。

第 2 章

理论基础与文献综述

2.1 理论基础

2.1.1 委托代理理论

19世纪30年代，因为洞悉企业所有者兼具经营者的做法存在着极大的弊端，美国经济学家伯利和米恩斯提出“委托代理理论”，倡导所有权和经营权分离，企业所有者保留剩余索取权，而将经营权利让渡。“委托代理理论”也成为现代公司内部治理的逻辑起点。在阿罗—德布鲁的世界里，厂商被看作一个“黑匣子”，吸收各种投入要素，在预算约束下，选择使其利润最大化的行为。但这种厂商观念过于简单，不能解释特别是现代企业的很多行为，忽略了企业自身内部的不对称信息和激励问题。经济学家们不满于企业“黑箱理论”，开始深入研究企业的内部问题，包括代理人的激励问题、企业内部的信息不对称以及代理人的风险分担等问题。冯·诺依曼（Von Neuman）和摩根·斯坦（Morgan Stern）在1944年创立了预期效用理论，杰拉德·德布鲁（Gerrard Debreu）在1959年提出的不确定条件下的选择理论，为委托—代理理论的产生提供了最重要的基础理论（陈瑞华，2003）。

委托代理理论是产权理论的主要内容之一，它是20世纪60年代末70年代初一些经济学家深入研究企业内部信息不对称和激励问题而发展起来的。委托代理关系是指一个或多个行为主体根据一种明示或隐含的契约，指定、雇佣另一些行为主体为其服务，同时授予后者一定的决策权利，并根据后者提供的服务数量和质量对其支付相应的报酬。授权者就是委托人，被授权者就是代理人。在委托代理关系中，由于委托人与代理人的效用函数不一样，委托人追求的是自己的财富更大化，而代理人追求自己的工资津贴收入、奢侈消费和闲暇时间最大化，这必然会导致两者的利益冲突。在没有有效的制度安排下，代理人的行为很可能会最终损害委托人的利益。

委托代理理论是在契约理论基础上发展而来的，被看作是内部控制制度产生的重要理论基础之一。因企业委托代理关系的存在，在企业组织内部与外部委托者之间存在严重的信息不能共享的现象，内部经营者拥有比外部委托者等利益相关者较多的信息，这就需要有设计良好的契约，以缓解二者的利益冲突，最小化代理成本，有效地解决代理问题（Anne，1974）。委托代理理论是建立在非对称信息博弈论的基础上的，是对称信息博弈论在经济学中的应用。它是指一个或多个行为主体根据一种明示或隐含的契约，指定、雇佣另一些行为主体为其服务，同时授予后者一定的决策权力，并根据后者提供的服务数量和质量对其支付相应的报酬。授权者就是委托人，被授权者就是代理人。Joseph Kissan（1998）研究了监督在委托代理关系中的适用条件，认为监督是委托人影响代理人的手段。

Berle 等（1932）最早关注到代理问题存在于分散的股东和职业经理人之间，指出由于公司股权分散程度比较高，使得企业所有权的拥有者不具有企业的控制权，由此出现了经理人，他们拥有企业实际的经营决策权，代理问题也随之产生。委托代理理论是契约理论重要的发展，Grossman 等（1983）针对企业“黑箱理论”，指出企业内部的实际运行过程，不容易被企业外部利益相关者观察到，存在信息不对称现象，实际经营管理者可能会按照自身利益的目标运营企业，在这种情况下，委托者就需要采取诸多措施，对管理者实施激励和约束，以使得实际经营管理者努力按照委托人的意愿行事，据此从这个角度发展了委托代理理论。由此，可以看出委托代理理论的产生主要有两个前提：一是企业资源委托人与实际代理人各自的行为目标之间存在利益冲突，二者均是效用最大化者，且效用目标函数不一致，那么受托者就不会总是以委托人利益最大化目标行事（张黎焱，2010）；二是在委托人与代理人之间所拥有的信息量不对等，经理人拥有的信息量较多，而股东却缺乏相关信息，进而使得双方在认知上不一致，在以上两方面因素的综合作用下，会产生代理问题（樊行健等，2014）。

因现代企业两权分离，委托人需要制定相应的制度，对代理人行为进行激励和约束，内部控制作为一种重要的治理制度安排应运而生。根据委托代理理论，内部控制运行机制主要表现为建立合理的公司治理结构，如董事会、内部审计部门等机构的设立，以较低成本实现对作为代理人的管理层的监督和制衡，以减少道德风险和逆向选择等委托代理问题。从作为代理人的企业管理者角度看，有效的内部控制应促使管理者采取行动管理企业员工的行为，使他们努力工作以实现企业价值最大化。如果股权较集中，大股东会掌握较强的控制权，会控制作为企业实际经营者的管理层，通过非法占用资金、披露虚假信息等途径侵占中小股东利益，产生“隧道效应”。同时，企业管理者作为受托代理人，能够有更便利的条件获取较多关于企业经营管理的信息，而作为委托人的投资者却无法直接了解企业实际运营情况，即委托者与受托者二者之间的信息量不对等。这样，就导致委托人难以对企业的经营管理活动实施全程跟踪监督，使得董事会等治理结构难以有效评价管理者的受托责任履行状况。随着高管权力的增大，董事会等监督力量更难以对其实施有效监督，可能会出现高管运用权力寻租以获得非正常收益的情形。健全有效的内部控制是从制度层面上对企业经营的业务流程、权责分配、机构设置等各个环节，实现对企业上至高管下至普通员工的有效监督和制衡，以弥补契约不完备性的一种有效的制度安排，旨在减轻现代企业的委托代理问题。

我国上市公司普遍存在投资过度与投资不足两种非效率投资现象。引发非效率投资的重要原因是委托代理问题。委托代理问题主要分为两类，一是由于股东和经理人之间的利益存在差异和冲突；另一类是大股东与小股东之间利益也不完全一样。对于股东和经理人之间的代理问题，由于信息不对称的缘故，经理人在拥有的企业经营情况的信息方面比股东要多。基于理性经济人假设，经理人希望掌握更多的资源以实现个人收益的最大化，这与股东追求公司价值最大化的目标不一致。一旦经理人厌恶风险，发现个人的付出会大于自己所获得的收益，经理人就会放弃会为公司带来利益的投资，从而造成公司的非效率投资。而大股东与小股东之间的代理问题主要存在于股权集中的公司，控股股东对企业的投资决策具有很大的话语权，此时控股股东有动机利用手中的控制权谋取收益进而损害其他中小股东的利益。大股东为了寻找更大的私人利益空间，采用违规担保或者掏空的方式占有公司资源，因而使得公司可能出现资金匮乏造成公司的投资不足而形成非效率投资。

2.1.2 信息不对称理论

新古典经济学假设信息是完全的，并且在此基础上研究市场均衡的实现条件。然而现实中，信息并不是完全的，信息的获取和分析研究都是有成本的。Akerlof（1970）通过旧车市场上的“柠檬问题”首次提出了信息不对称的分析框架。在旧车市场中，卖方比买方更加了解旧车的实际情况，买方只能通过旧车的外表形式来判断其价值，这样，买方一般给出的都是市场平均价值，这就会导致出售高质量旧车的卖方无法收到合理价值，从而退出市场，久而久之，旧车市场中就只有低质量的旧车在出售。按照这样的方式，无限的循环，最终甚至可能导致旧车市场的消失。由此，信息不对称理论逐渐得到了广泛而深入的研究。

信息不对称是指事件参与中的一些人拥有某种信息，而另一些人不拥有该种信息。信息不对称理论是指各类市场参与主体对市场上存在的有关信息的知悉程度是有差异的；对信息知悉理解更充分的主体，在市场对位的过程中常常站在了相对有优势的位置，而掌握信息较少的主体，则处于相对劣势的位置。斯彭斯、斯蒂格利茨等经济学家对这一问题进行了深入的拓展研究，并逐步形成了现在著名的信息不对称理论。当时的信息不对称理论包括如下内容：市场中卖方人员比买方人员对与交易对象相关的各种信息了解得更多；拥有信息更多的交易方通过向信息占有较少交易方散布准确可靠的信息进而获得市场好处；交易双方中了解较少信息的一方会尽力从对方取得更多的信息；由于市场信号的存在，信息不对称的问题在一定程度上可以得到缓解；信息不对称是市场经济运转过程中的重要障碍，若希望降低信息不对称危害市场经济运转的程度，政府方需要在市场经济运转体系中发挥更多的作用。信息不对称理论已经发展成为现代信息经济学的核心理论，在很多领域都被广泛应用。

企业内部控制信息属于非财务信息，存在难以计量的难题，因此长期以来企业内部控制信息在投资者和上市公司之间处于严重的信息不对称状态。但是随着国际上安然、世通等一系列会计造假大案曝光后，投资者对内部控制信息需求的呼声日益增高。美国 COSO 委员会和我国的《企业内部控制基本规范》对内部控制信息的披露都做出了强制性规定。内部控制信息的披露可以使投资者了解公司的内部环境、风险评估、控制活动、信息与沟通、内部监督等信息，从而更加合理地评价企业的风险管控能力、管理效率、投资风险和投资价值，制定相应的风险应对策略，以更大程度上保证投资决策的正确性。可见，内部控制信息的披露能够缓解资本市场上的信息不对称。但是如果上市公司对内部控制信息的披露流于形式，隐瞒内部控制缺陷信息，那么这种披露对于信息不对称的缓解就是有害无益的。我国认为自身内部控制体系有效的上市公司中，多家上市公司存在着内部控制的重大缺陷（王惠芳，2011）。为了保证上市公司所披露的内部控制信息的真实性，促使其对存在的内部控制缺陷信息的披露，我国政府监管机构明确提出要求上市公司聘请外部审计机构对其内部控制进行审计，并在内部控制审计报告中披露内部控制缺陷信息。无疑，外部审计机构对上市公司内部控制及其缺陷信息的监管会在更大程度上缓解上市公司和投资者之间的信息不对称。

信息不对称理论是非效率投资产生的另一个理论基础，信息不对称主要指的是市场的有效性没有达到百分之一百时，市场中各方所掌握的资讯是不完全一致的。由于委托代理关系产生的管理层和股东之间的信息差异，以及管理层与外部投资者之间的信息差异，会带来投资人逆向选择和管理层道德风险的隐患，逆向选择指的是当公司与投资者之间信息没有传达正确时，投资者会不信任公司目前的投资机会所带来的利益，因而会要求较高的融资成本，这时候公司即使遇到能够带来盈利的投资机会，但是由于融资成本过高也不得不放弃，因此造成了公司的非效率投资。同时信息不对称也存在于公司股东与管理层之间，两者信息交流不充分，彼此存在隐藏信息时，将会导致投资方案的流产，引发非效率投资。道德风险是指管理层利用内部信息优势，通过发布虚假的财务信息，向市场传递信号，导致外部投资者对公司错误估计，造成损失。由于信息不对称产生了逆向选择和道德风险，导致管理层以自身利益为先的逐利行为，产生非效率投资；市场通过披露的信息对公司投资项目进行评估，由于道德风险产生外部投资者对信息的误判，公司产生多余现金流或现金流不足的情况，导致投资度和投资不足。

为了解决委托代理存在的信息不对称问题，管理层需要定期披露财务状况、经营成果相关报告，保证披露信息的真实完整，保证经营的效率和合规性，公司需要进行有效、系统的内部控制体系建设。良好的内部控制系统有助于监督管理者经营状况，提高对外披露信息的真实可靠性，缓解信息不对称造成的非效率投资现象。

2.1.3 不完全契约理论

不完全契约理论是现代契约理论的一个分支，不完全契约理论发源于完全契约。完全契约是在完全信息与完全理性的条件下推论而来的一种“理想化”“抽象化”的契约形式。但在现实的世界中，信息往往是不完全的，行为人是有限理性的，因而，契约总是不完全的。不完全契约理论在完全契约理论的基础上进一步深化了我们对现实的理解和把握，增强了契约理论的整体解释力。Grossman（1986）、Hart 和 Moore（1990）通过建立数学模型，开创了被称为 GHM 理论的分析框架。这种理论认为，契约主要是针对交易主体，对其权力和责任所进行的相应款项设计，这种款项所针对的是或然概率下事前各种情况，由于未来各种不确定事件不能有效预知，事前不能有效对未来的交易事项作出规定，由此导致需要注重事后监督。由于在现实世界中，各种未来事项无法被准确估计到，且无法找到对偶然性共同的语言描述，难以用完备的条款规定形成契约，不易签署一份完全契约，加之外界权威机构对于契约中款项履行情况的监督不足，导致不完全契约的存在（Bratton 等，2001）。

最初契约思想是起源于法律的，但其应用于现代经济学中却比法律中更为宽泛。随着认识的逐步加深，完全契约理论领域的一些基本假设和结论被提出质疑，认为它们只具有逻辑上的意义，而在现实经济生活中基本上是不成立的。现实中形成的契约关系一般都是不完全的，首先表现在交易主体的非完全理性，其次交易费用也不为零，再次契约签订更不可能将事后的各种情况充分估计到，从而在契约中未能加以先见地反映出来，所以契约在签订时就会给予契约双方适应性调整空间，并且在履约难以实现时引入第三方，以保证实施等。不完全契约理论认为，抛除不切实际的假设，将个人的有限理性、外在环境的复杂性和不确定性等因素考虑在内，合约双方不可能详尽、准确地将双方具体的权利义务详细地写在契约中，特别是需要根据未来事件发生与否才能确定的权利和义务。因而，现实生活中的契约在绝对意义上都是不完全契约。帕累托最优合同是契约理论的参照基础。它是建立在一个对称信息条件下的两个完全理性当事人之间交易的理想模型。Hart 在 1988 年提出帕累托最优合同，即要求努力的边际期望利润等于努力的边际成本，最优风险分担取决于双方偏好。如果委托人是风险中性的，代理人是风险规避的，则代理人不承担任何风险，但同时放弃了对剩余的分享权。

契约不完全的原因概括为三类成本：一是预见成本，即当事人由于某种程度的有限理性，不可能预见到所有的或然状态；二是缔约成本，即使当事人可预见到或然状态，一种双方没有争议的语言写入契约也很困难或者成本太高；三是证实成本，即关于契约的重要信息对双方是可观察的，但对第三方（如法庭）却是不可证实的。从合同理论的角度来说，契约的不完全性既体现在合同信息的不完全性又体现在合同双方对合同内容的重新谈判上。合同对于缔约双方来说，不仅意味着合同给缔约方提供一系列的权利和义务，这公认的观点被经济学家和法律从业者接受，2008 年 Hart 从另外一个角度对合同观点进行补充，他认为合同为交易关系提供了一个参考点，也就是为双方认定的权利提供了参考点。在签订合约时由于预期的不完全，不能列举未来会有各种情况并据此签约，所以，真实世界的合同没有完全的。黄凯南（2012）从演化经济学的视角，认为需要从知识的不完全性阐述合同的不完全性，并考察了权威在不完全合同中的作用。

Grossman 和 Hart（1986）、Hart 和 oore（1990）的两篇奠定性论文，创立了不完全契约理论，因而又被称为 GHM 理论。该理论认为，合同条款不可能穷尽所有的可能和细节，由于有限理性、信息不完全性及交易的不确定性，使得明晰所有或然情况的成本过高，拟定完全契约是不可能的。Tirole（1999）认为通常造成不完全契约的 5 类交易成本包括预见成本、缔约成本和契约执行成本。在不完全契约的情况下，契约参与者对权力的掌控将显得尤为重要，原因在于存在那些尚未明确规定的权力，这里被称作是“剩余控制权”，对于控制权的掌握可以为权力拥有者带来利益（张喆等，2007）。GHM 理论认为，在这种没有最优选择的情况下，应该通过对于剩余控制权的有效配置，使得契约参与者各方所获得的总剩余达到最大化，由此产生的所有权结构将是较好的所有权结构，这样就使得对于物资资产的控制权显得尤为重要，因它能够产生对人力资产的控制权，因此，GHM 理论认为剩余控制权归非人力资产所有者（潘琰、辛清泉，2003）。在现实世界的人们并不总是完全理性，契约各方之前拥有的信息量不对等，并且未来事项存在不确定性风险的前提假设下，存在不完全契约，会使得事前容易出现契约参与者的投资不足，事后容易产生机会主义行为，这就是所谓的“敲竹杠”，这就需要设立有效的机制安排，以使得契约参与各方之间的交易顺利实施（钟玮，2011）。

契约学派的企业理论由科斯（1937）开创，此后由 Alchian 与 Demsetz（1972）、Williamson（1971、1979、1985、1996）、Bazel（1982、1989）、Hart（1995）等人加以发展。该理论提出，企业是出资人、债权人、经理人员以及雇员等利益相关者相互之间缔结的一张“契约网”，企业所有利益相关者的行为都通过显性契约和隐性契约联结起来。企业的契约性决定了企业不仅要重视股东的权益，还要重视其他利益相关者。各个利益相关者向企业投入人力资本或非人力资本以获取单个产权主体在市场交易中无法获得的合作收益。由于信息不对称性以及人的有限理性的存在，企业的契约条款总是不完备的，机会主义行为容易驱使具有支配地位的成员损害其他成员的利益，并且对不完备的模糊契约，法律难以对其保护，即企业契约总是一个不完全的契约，在合作中要素投入者难免会发生利益冲突。经理人不同于所有的其他利益相关者，是居于协调和实施所有契约的中心。经理人直接控制企业的经营活动（尽管股东或风险资本的提供者对企业进行间接控制），因此，其主要任务是根据企业发展和资源分配计划制定战略决策。但是由于契约的不完全性，股东在与经理人签订契约时，往往无法顾及未来可能发生的各种情况，因而无法订立完善的契约来限制经理人的越轨行为。在机会主义的利益驱动下，经理人很可能不恰当地使用资源，进行次优化投资而降低企业价值，并最终影响了企业对投资项目的评价、选择。

不完全契约理论被运用于公司组织机构运作中，比较典型的是由于公司被看作是一系列合约的连接，在这一合约的实际履行中，公司企业契约的各个参与者（如股东、管理者、债权人等）需要按照既定的款项规定履行各自相应的职权，因契约的不完全性，内部控制作为一种缓解现代企业代理冲突的重要机制随即产生。即委托人通过内部控制对代理人进行监督，以减少代理人因有限理性或自利等原因导致的机会主义行为，进而提高契约履行的有效性。但不完全契约下，企业管理者这一掌握公司实际经营控制权的契约主体，在激励不相容和信息不对等的情况下，可能会隐蔽地实施机会主义行为，以最大化自身的控制权收益。由于外部环境的不确定性，上市公司的利益相关者难以对公司未来可能会遇到的状况设定完备的契约，因此就难以对契约的有效履行提供合理保障，可能会出现内部控制失效或失灵等情况（周继军，2010）。

而在实际内部控制运行中，我们往往认为内部控制是建立在关于股东、董事会及经理人之间的权责利划分问题已经被公司治理机制解决之上的，企业高管对于一般员工的控制，而使得对于企业管理者的制约方面，成为内部控制的薄弱环节，当高管权力增大时，会出现经理人串通舞弊或越权凌驾于内部控制之上的情形（黄溶冰、王跃堂，2009）。总之，因委托代理双方所签订契约的不完全性，且企业管理者相较于其他契约参与者拥有较多信息，存在滋生机会主义行为的条件。由此，即使是设计健全的内部控制也不会得到有效执行，这样，内部控制缺陷存在的可能性就会增大。

2.1.4 寻租理论

寻租理论的思想最早萌芽于美国著名经济学家、公共选择理论的创始人之一戈登·塔洛克（Gondon Tullock）发表的一篇论文。1967 年，塔洛克发表了《关税、垄断和偷窃的福利成本》一文，文中详细探讨和分析了寻租成本与收益，寻租的政治市场，有效寻租、护租、创租和抽租以及减少寻租的措施，指出“大量的寻租族们为寻求租金不进行正常的生产经营活动，造成了整个社会经济效率的低下。寻租并不创造额外的经济资源，仅仅是改变了原有生产要素的所有权关系，而且寻租具有成本低、预期效率高等特征”。另一位寻租理论创立者布坎南（Buchanan）认为这里的“租”不是一般经济学原理中所指的地租，而是指由于不同体制、权利和组织设置而获得的额外收益，或因政策干预和行政管制而形成的非生产性利润，指出“寻租是追求满足私利的个人使价值最大化，造成了社会浪费而不是社会剩余”。但直到 1974 年美国经济学教授安妮·克鲁格（Anne O. Krueger）在《美国经济评论》上发表“寻租社会的政治经济学”的文章，寻租才作为一个正式的概念来到经济学舞台。这篇论文发表后，在经济学术领域内产生了强烈的反响，随之而来的是各领域、经济学的各分支学科对于寻租的研究成果。公共选择学派的 Tullock（1967）通过建立数学模型，深入分析了生产者为获得进口许可证实施的寻租行为，首次产生了寻租理论的思想。国际贸易学派的 Krueger（1974）正式提出寻租理论，深入研究了由于政府对外贸的管制而产生的对租金的争夺，并设计了相关的数学模型对其进行计算和讨论，这一研究被看作是寻租理论发展的里程碑。此后，国内有关寻租理论的研究逐渐增多，内容主要涉及政府官员腐败问题，以“租金”产生的秘密为切入点，揭示了腐败发生的原因，为有效遏制腐败现象提供了指导。自寻租思想提出后，产权理论、行为理论和公共选择学派、国际贸易学派及新经济史极大地丰富和发展了寻租理论。但总体来说，寻租理论主要关注的是那些所开展的非生产性活动，并且这些活动的进行是为了追求自身利益。在委托代理关系中，由于代理人相较于委托人具有信息优势，二者信息不对等，委托人为了使合约达到最优化以获得较大的个人利益，会对代理人实施监督约束，而代理人为获得较多的剩余收益，会采取非生产性的寻租活动补偿自己所减少的那部分收益。

在对“寻租”进行定义时，不同经济学家的解释也有所不同。柯兰得尔将寻租视为“为了争夺人为的财富转移而浪费资源的活动”。寻租行为在他的描述中成了一种资源的浪费现象，是政府在保护人们追求财富转移时所造成的。美国经济学家克鲁格（Anne Krueger）认为寻租是一种行为，即通过政治手段利用资源获得特权，从而“构成对他人利益的损害大于租金获得者收益的行为”。著名国际贸易问题专家布坎南认为，寻租是个人通过政府寻求财富转移的浪费资源的行为。巴格瓦蒂认为："寻租主要指直接的非生产性寻求利益活动，具体是指个人或组织耗费稀缺资源，通过控制或影响资源的分配者，不正当地获得一种额外利益或好处，这种额外的利益或好处是一种人为创造的财产的转移。"塔洛克认为，寻租只是这样一种状况，其中所含的任何一种指向都有一种负的社会作用。

寻租理论用于会计内部控制中，源于西方经济学家普遍认为，寻租行为扭曲了社会资源的配置，引起财富的非生产性转移，导致组织的经济资源租值的耗散，降低了经济的运行效率和社会福利水平，损害其他利益相关者的利益。寻租理论的发展，将社会经济的研究范畴由生产性寻租行为扩展到了非生产性寻租行为，扩大了寻租理论的研究领域。目前，关于委托代理关系中代理人寻租活动的研究，主要集中于转轨经济时期政府行为的寻租，及企业委托代理关系中代理人寻租活动方面（郑长德、张维武，2002）。在现代企业委托代理关系中，企业管理者不能完全获得自身创造的剩余收益，在契约非完备和激励不相容下，由理性经济人自利假设可知，代理人为最大化自身效用，存在运用委托人授予权力的动机，可能会滥用权力参与非生产性活动，进行权力寻租。如果高管权力的制度约束和道德约束等约束力量较小，代理人就会由潜在的权力寻租者转化为现实的权力寻租者。

企业高管在内部控制运行中起重要作用。现代企业的两权分离使得股东与管理者之间存在着潜在的利益冲突，并导致管理层存在利用权力进行寻租以获取私人利益的机会主义动机。目前我国经理人市场、法律法规等监督系统的不完善为权力寻租提供了便利的通道。在内部控制运行中，需要对各种权力的运用进行制约，如果寻租行为发生而引致的风险和成本小于寻租行为带来的收益，就会促成权力寻租行为的发生（许百军，2005）。内部控制的实施过程是不易被外部利益相关者观察的，上市公司管理者可能会利用其拥有的较大权力，通过各种途径隐蔽地实施最大化自身利益的机会主义行为。对于上市公司而言，在公司内部治理不健全和外部约束薄弱的情形下，如果企业内部控制设计或执行中对于高管行为的制约层面存在漏洞，就会使高管拥有在内部控制运行中实施权力寻租行为的能力。换句话说，高管权力增大，使得企业高管能够在一定程度上弱化董事会、审计监督等权力监督机制的治理能力，超越内部控制约束，并可能运用权力进行寻租，影响内部控制执行过程，从而影响内部控制缺陷存在的可能性。

2.2 文献综述

2.2.1 内部控制缺陷认定与分类的文献综述

1. 内部控制缺陷认定的文献综述

我国《企业内部控制基本规范》指出，内部控制缺陷是企业内部控制制度的设计存在漏洞，或内部控制的运行存在偏差，以致不能及时发现错误的情形。这对内部控制缺陷的含义进行了否定式的界定，未对缺陷的具体认定做出规定。并未对内部控制中的重大缺陷、重要缺陷及一般缺陷这些依据严重程度作进一步划分的缺陷认定提供指导。

关于内部控制缺陷的研究中，学者们纷纷选取不同的方法认定内部控制缺陷。其中，一些学者通过内部控制评价报告来识别，如单华军（2010）从内部控制评价报告的“问题及整改计划”中所提到内部控制缺陷的次数来识别内部控制缺陷数量（单华军，2010）。董卉娜等（2012）以评估报告中关于内部控制的否定语句来识别内部控制缺陷。另一些学者选取替代变量进行判定，如杨有红等（2009）从企业发布会计差错更正情况来识别财务报告内部控制中是否存在漏洞或不足，以此来作为企业内部控制缺陷的替代变量。瞿旭等（2009）选取金融行业中民生银行年报中“公司治理结构”“重要事项”等部分，内部控制评价报告、外部审计师出具的年报审计报告中的评价结论等方面，从这些部分是否存在否定语句，来识别企业是否存在内部控制缺陷。田勇（2011）以上市公司收到非标准审计意见、受到处罚、深交所的信息披露不合格作为内部控制缺陷的替代变量。柳俊俊（2010）从上市公司披露的内部控制信息来判定，主要包括上市公司年度财务报告、会计师事务所的签证报告及内部控制自我评估报。李万福等（2011）根据内部控制五要素归纳出判断内部控制重大缺陷存在的15项指标，若上市公司存在任何一项缺陷，判定公司存在内部控制缺陷。齐保垒等（2012）将那些存在重大会计差错的上市公司，认定为存在财务报告内控缺陷，将会计差错作为财务报告内控缺陷的替代变量。刘中华等（2015）从上市公司的内控自我评价报告，披露的内部控制缺陷信息及其采取的相应整改情况，及外部审计师的鉴证意见获得信息，从是否存在缺陷及存在缺陷的个数2个层面对内控缺陷进行识别。

2. 内部控制缺陷分类的文献综述

关于内部控制缺陷的分类，依据不同的分类标准，有不同的分类结果。具体地，有以下几种分类情况：①按照缺陷导致后果的严重程度划分，分为重大（material）、重要（significant）与一般缺陷3类。②按照缺陷是否对财务报告的真实性造成的影响划分，分为财务报告层面或会计层面内控缺陷（Accounting level internal control deficiencies），及非财务报告层面或公司层面内控缺陷（Company level internal control deficiencies），如穆迪债务评级公司（2004）就是这样划分的，会计层面内控缺陷主要是那些与财务报告相关的内部控制缺陷，如账户余额及交易事项中会计控制等方面存在的缺陷，包括对应收账款账务处理方面的控制不足、对会计准则运用的新交易事项方面的控制不足等；公司层面的内部控制缺陷主要是指那些内部控制整体架构或内部控制组成要素方面的缺陷，如内部控制环境类缺陷、业务流程类缺陷等。进一步地，该公司还指出如果企业存在公司整体层面的缺陷，同时，这也意味着会计层面的控制也会存在不足之处，即企业财务报告质量值得怀疑，当然管理层控制具体业务的能力也值得质疑。王惠芳（2011）也是根据这一分类标准进行的分类，并且又分别把这两个层面的内部控制缺陷进行了具体划分，如会计层面内控缺陷包括会计凭证类、核算类缺陷等，公司层面内控缺陷是在原有的内控五要素基础上进行了内容细分，具体到了诸多二级子目。Ge等（2005）将内部控制重大（material）缺陷分为会计类（Accounting）与公司类（Company）内部控制缺陷2种，对于会计类内部控制缺陷主要是指那些与具体交易事项或账户记录相关的控制缺陷，公司类内控缺陷主要是指那些公司整体层面的职务设置、技术支持等方面的缺陷。③根据内部控制的组成要素划分，分为控制环境缺陷（Control environment deficiencies）、风险评估缺陷（Risk assessment deficiencies）、控制活动缺陷（Control activities deficiencies）、信息沟通缺陷（Information communication deficiencies）及监督缺陷（Monitord deficiencies）5 种，如董卉娜等（2012）。④根据审计的难易程度进行划分，可以分为易审计类和难审计类内部控制缺陷。如 Hammersley 等（2008）指出较难审计类内控缺陷主要是那些与关键岗位人员、企业财务及企业控制环境相关的内部控制缺陷，而易审计类内部控制缺陷主要是控制系统类内控缺陷、业务交易核算类内控缺陷及日常业务控制类内控缺陷。⑤其他划分标准。石意如（2012）将人的主观能动性与制度规范的客观性综合考虑，提出内控缺陷认定的三分法。即具体划分为规则类缺陷、偏规类缺陷及行为类缺陷 3 种。其中，第一种内部控制规则类缺陷是指客观原因引致的，主要是指制度规范设计方面的缺陷；后两种缺陷是指由于行为主体主观原因而产生的，行为偏离内部控制制度规范的规定而产生的缺陷；行为类缺陷主要是指因行为主体的有限理性导致的缺陷。

从已有文献可以看出，有关内部控制缺陷识别方面的标准尚不完善，实务操作性较差，众多学者依据不同的识别标准，对内部控制缺陷进行认定。对于内部控制缺陷的分类，不同学者从不同的角度进行分类，分类也不统一，主要表现在两方面：一是所依据的评价标准不尽相同。一部分学者依据《企业内部控制基本规范》，一部分学者依据证券交易所发布的指导意见等；二是评价的内部控制对象不尽一致。一部分学者是针对财务报告的内部控制，一部分学者是针对企业整体的内部控制状况。由于本研究主要是研究高管权力视角下，多种因素的共同作用对于企业内控缺陷存在的可能性有何影响，故需要综合考虑内部控制缺陷，不仅有财务层面的内控缺陷，还有公司岗位职责设计、信息技术等治理层面的内控缺陷，由此本研究参照内部控制目标，从表明缺陷存在的迹象入手综合识别内部控制缺陷。

2.2.2 内部控制缺陷影响因素文献综述

已有关于内部控制缺陷影响因素的文献，基本上是围绕哪些因素影响内部控制缺陷的存在，及哪些因素影响内部控制缺陷信息披露 2 个方面展开的。由于 Ashbaugh 等（2007）指出，内部控制缺陷信息披露需要以缺陷的存在为基本前提。且存在缺陷的上市公司也可能会为了规避披露不好信息带来的损失，存在隐瞒披露内部控制缺陷信息的情形。由此可以得出，内部控制缺陷存在与缺陷信息披露二者的影响因素并不完全相同。鉴于本研究主要是基于高管权力视角，研究内部控制缺陷存在的影响因素，以下主要回顾内部控制缺陷存在性的影响因素。

1. 公司特质层面的影响因素

（1）公司组织特征

由于内部控制建设是需要花费一定的人力、物力，需要资金支持的，相应地，企业自身组织特质会影响内部控制的建立和运行。有诸多学者研究了上市公司自身组织特征的不同方面对内部控制缺陷的影响。如 Bryan 等（2005）研究发现，规模越小、业绩越差、具有更高贝塔值的上市公司，越可能存在内部控制重大缺陷。Ge 等（2005）选取 SOX 法案颁布后，至少披露一个内部控制重大缺陷的 216 家上市公司，通过对内控缺陷进行分类，将其划分为账户类内部控制缺陷等 9 大类型。实证检验发现，上市公司业务越复杂（如多元化、跨国经营等），披露内部控制重大缺陷越多；上市公司规模越大、收益越高，越少披露内部控制缺陷。类似地，有研究表明规模较小的上市公司，一般所拥有资源相对比较欠缺，容易存在内部控制缺陷，且那些具有成立时间相对比较短、财务状况较差、业务复杂性较高、经历并购等重大变化、成长速度较快等特质的上市公司，越容易存在内部控制缺陷，如 Ashbaugh 等（2007）和 Doyle 等（2007）。并且，Yazawa（2010）在日本市场上也发现了类似的结果，在非营利团体也有类似的结果。国内学者研究方面，方红星等（2010）研究表明，交叉上市的企业能够更及时地更正内部控制中存在的遗漏。王茜等（2012）通过建立内部控制缺陷识别模型，研究发现那些具有外部审计师变更频率比较大、盈利能力比较差这些特质的上市公司，是比较容易存在内控缺陷的。王沈（2013）以制造业上市公司为样本，研究发现具有组织架构缺陷或人力资源管理方面欠缺、发生亏损现象的上市公司，比较容易出现资金管理控制方面的缺陷。李越冬等（2014）通过建立 Logistic 模型，运用配对样本组，研究了上市公司的业务复杂程度、上市时间长短等特质对内部控制缺陷的影响，所得出的结论与 Doyle 等（2007）的结论基本一致。

（2）公司经营特征

公司经营特征主要体现在公司经营复杂性、财务状况和会计风险等方面。上市公司的经营越复杂，其对内部控制系统的要求就越高。众多学者研究了不同的经营特征因素对内部控制缺陷的影响，田高良等（2010）研究得出，那些对外披露了内部控制缺陷信息的上市公司，具有拥有的子公司数较多、有对外贸易业务往来、存在并购或重组事项等特点。田勇（2011）也研究发现，存在重大并购或重组事项对内部控制缺陷的影响作用很明显。

2. 公司内部治理层面的影响因素

公司治理是企业内部控制运行的一种重要的内部环境因素，较好的公司治理结构可以促进内部控制质量的提高，相应地，会影响内部控制缺陷的存在。本部分着重介绍公司治理因素中的董事会和审计特征对内部控制缺陷的影响。

（1）董事会特征

董事会作为上市公司治理结构的重要组成部分，被看作是公司治理的核心，在内部控制运行中发挥着决策监督作用，不同的董事会特征会产生不同的治理效果。如 Hoitash 等（2009）实证检验发现，董事会强度与内部控制缺陷显著负相关。Chen 等（2011）指出董事会的独立性与内部控制缺陷之间显著负相关。刘亚莉等（2011）通过 Logistic 回归得出，董事长和总经理兼任的公司更容易出现内部控制缺陷。有学者没有直接研究董事会特征对内控缺陷的影响，而是研究了董事会对内控目标或内控有效性的影响，可以预期，这些董事会特征相应地也会在一定程度上影响内部控制缺陷。如宋文阁等（2012）研究发现，董事会的独立性越高，内部控制目标越容易实现，董事会会议召开的频繁程度对内控目标影响不明显，两职合一对财务报告及遵守法规这两项内部控制目标有显著的负向影响。孟贵珍（2013）研究发现，董事会人员总数越多、董事会会议次数越多，两职分离程度越高，内部控制有效性越高，而董事会独立性和成员持股比例对内控有效性的影响不明显。

审计委员会作为一个独立董事人数占比较高的专门委员会，被看作是缓解现代契约关系中委托代理冲突的组织机构，是内外部审计之间信息沟通的纽带（吴玉心，2003）。审计委员会在内部控制执行和财务报告披露方面发挥着重要作用。随着我国经济的发展，审计委员会的职责范围不断扩大，从最初的强化外部审计师独立性到全面负责公司内外部审计的沟通、监督企业内部控制制度的建立和执行情况、核查上市公司财务报告信息质量等。即审计委员会的职责主要是监督、控制、沟通、报告。Raghunandan 等（2001）采用问卷调查发现，审计委员会成员中财会方面的人员越多，越能有效辅助内审工作，促进内控良好运行。Klein（2002）和 Abbott等（2004）认为审计委员会的规模对内部控制有重要影响。Krishnan（2005）研究发现，审计委员会中独立董事越多，专业性越强，公司出现内部控制缺陷的概率越低，但是审计任期及审计费用对内部控制缺陷报告的影响不显著。Hang 等（2007）运用 Logit 模型研究了审计特征对内控缺陷的影响，发现审计师独立性越高、审计委员会专业性越强，越容易发现内控缺陷，审计师变更则表明企业更可能会存在内控缺陷。Goh（2009）研究了审计委员会专业性及会议次数对内控缺陷的影响，发现比较专业、活跃性比较高的审计委员会，会减少内控缺陷的存在。刘亚莉等（2011）研究发现，审计委员会成立时间较短，尤其是当年刚成立审计委员会的上市公司，存在内部控制缺陷的可能性更大。韩传模（2012）根据我国审计委员会运作的实际，研究发现审计委员会成员具有的专业性越强、独立性及责权保障程度越高，内控缺陷越不易存在。刘焱等（2014）从审计委员会主席专业性和成员专业性2个方面衡量审计委员会专业性，发现专业性越强的审计委员会越能够降低内控缺陷的发生率。

（2）审计特征

现代企业制度两权分离，经营者与所有者之间信息不对称，由于效用最大化函数的不一致，产生代理冲突，产生相应的代理成本，上市公司为降低代理成本对外部监督机制产生了内在需求（罗明琦、赵环，2014）。而外部审计作为重要的外部监督机制之一，对企业财务报告具有鉴证功能，是解决代理问题的重要的监督治理机制（徐帅，2014），并且对内部控制进行评价和监督，所以，直接影响内部控制实施效果。Krishnan 等（2007）指出审计师变更可以在一定程度上显现公司内控缺陷，被看作是指示器，主要在于外部会计师事务所和审计师为了规避审计失败带来的风险，可能会主动解除与存在现在高风险被审计单位的关系。Mitra 等（2010）研究发现，专业性强的审计师可以提高与客户协商议价的能力，会更容易发现内控缺陷，从而收取更高的佣金。Chen 等（2011）研究了事务所规模、审计师专业性、审计任期对内控缺陷的影响，得出外部审计质量越高，内控缺陷发生的概率越低。Stephens（2011）研究发现，专业知识素质较强的审计师因更熟悉专业领域内的情况，可以迅速发现和关注公司的高风险领域，可以更好地识别企业潜在的内部控制缺陷，以便及早采取防范措施，提高内部控制有效性。

综上，目前对内部控制缺陷存在的影响因素的研究主要从公司特质、公司治理等客观方面因素的单一因素视角进行探讨。而企业高管在内部控制运行中扮演着重要角色，并且高管的决策行为会对企业制度规范的实施产生一定影响，相应地，高管权力的增大会在一定程度上影响内部控制的实施。鉴于此，本研究基于内部控制运行中多因素共同作用的现实，以高管权力的视角，从公司治理的角度，研究内部控制缺陷存在的影响因素。

2.2.3 内部控制缺陷经济后果文献综述

已有文献从高管薪酬、会计信息质量、会计稳健性、信贷约束、公司价值、审计意见、审计定价、审计收费、市场反应及融资成本等角度研究内部控制缺陷的经济后果（齐保垒等，2010；杨清香等，2012；刘彬，2013；王艺霖等，2014；李越冬等，2014；林钟高等，2016；尚兆燕等，2016；王爱群等，2016）。

关于内部控制缺陷对市场反应、会计风险、融资成本、盈利能力、信贷约束等方面的影响。Jacqueline S. Hammersley 等（2007）研究了披露内部控制缺陷的公司股票价值对内部控制缺陷的敏感性，表明内部控制缺陷信息的披露对股票价值产生负面影响。Dana R. Hermanson 等（2008）研究了内部控制缺陷对公司盈余收益的影响，表明存在内部控制缺陷的公司不能合理保证其盈余收益。Ashbaugh Skaife 等（2008）研究发现，颁布萨班斯法案相关条款后，披露内部控制缺陷的公司后期投入更多的人力、物力资源到内控建设中，会面临较低的会计风险。Jeong Bon Kim 等（2011）选取与银行签订借款合同的公司作为研究样本，对公司特征和借款合同进行了比较分析，发现内部控制存在缺陷的公司，其利差较大；缺陷的严重程度影响贷款利率和借款费用，公司面临的外部融资成本更高。田高良等（2011）以 A 股上市公司为研究样本，研究了财务报告内部控制缺陷对会计信息价值相关性的影响，表明当公司存在财务报告内部控制缺陷时，净利润的价值相关性下降。李晓慧等（2013）对内部控制对债权人保护的影响进行了探讨，发现企业内部控制存在缺陷或运行失效，导致内部控制偏离其执行目标，引致经营效率下降，最终对债权人本息的收回产生消极影响。周守华等（2013）实证考察了内部控制缺陷对盈利能力的影响，研究结果表明，内部控制存在缺陷的公司比不存在缺陷的上市公司盈利能力弱。杨秀玲（2013）选取 2010 年沪、深 A 股 1708 家上市公司为研究对象，实证分析了内部控制缺陷对绩效产生的影响，表明内部控制缺陷与公司绩效呈显著负相关关系。张会丽等（2014）认为，内部控制存在缺陷会严重影响市场对企业持有现金的定价，增加了企业内部自由现金流的代理成本，加剧了现金持有在未来经营中的不确定性。刘中华等（2015）研究了内部控制缺陷的存在对企业信贷约束的影响，表明了内部控制缺陷会显著加剧企业的信贷约束，企业采取的内部控制缺陷改进措施不能从根本上去除这种负面影响。

内部控制缺陷对高管薪酬影响方面。Wang（2010）发现具有内部控制缺陷的上市公司的 CFO 通常具有更低的薪酬回报与更高的变更风险，通过披露公司的内部控制缺陷有效评价公司高管的经营能力，并且实证结果表明加强内部控制披露能降低经理人市场的信息不对称。Hoitash 等（2012）研究发现存在内部控制缺陷的公司其高管薪酬水平更低，尤其是当公司治理水平较强时，因披露内部控制缺陷而导致的公司高管薪酬的下降更为强烈。Brown 等（2012）的研究表明，存在内部控制缺陷的公司 CEO 的薪酬业绩敏感性更低，同时公司层面的内部控制缺陷比业务层面的内部控制缺陷影响更明显。杨程程等（2015）从内部控制信息披露的视角，研究了 2012 年主板上市公司，发现在披露内部控制存在缺陷的公司，高管的薪酬水平更高；内部控制缺陷的披露，显著提高了高管薪酬的业绩敏感性。

内部控制缺陷对公司盈余质量、会计稳健性影响方面。Bedard（2006）研究了内部控制缺陷与公司盈余质量之间的关系，发现与无须披露内控缺陷相比，披露内部控制缺陷的公司评定其盈余质量的态度会更谨慎。Doyle（2007）研究了2002—2005年705家披露内部控制缺陷的上市公司，发现公司层面的内部控制缺陷与企业盈余质量成反比关系，而应计特定账户层面的内部控制缺陷与会计盈余质量并无关系。Ashbaugh－Skaife等（2008）研究了内部控制缺陷与应计质量的关系，证明了内部控制质量对应计质量是有影响的。齐保垒等（2010）利用盈余—报酬率模型研究了会计稳健性与内部控制缺陷的关系，发现内部控制存在缺陷的公司会计稳健性更差。齐保垒等（2010）研究了内部控制缺陷对财务报告信息质量的影响，从会计稳健性、应计质量和财务信息价值相关性3个角度度量财务报告信息质量，结果表明内部控制存在缺陷的公司的应计质量和会计稳健性比其他公司显著更低。Goh等（2011）研究了存在内部控制缺陷的公司，采用3类经典模型分别计量会计稳健性，发现会计稳健性较低的公司都披露了内部控制缺陷，而积极进行整改的公司具有更高的会计稳健性。

内部控制缺陷对审计收费影响方面。Doyle等（2007）研究披露出一个及以上实质性缺陷的705家上市公司，发现内部控制缺陷会降低盈余质量，同时也会增加企业经营失败的可能性，审计师为了降低风险通常会收取额外的费用。Ashbaugh－Skaife（2008）从跨期视角对存在内部控制缺陷的公司进行研究，发现内部控制会提高内部控制质量和会计信息质量以及降低信息不对称。Johnstone & Beard（2008）认为内部控制缺陷会导致审计师增加审计程序和提高审计收费率。Ranietal（2008）检验了内部控制缺陷与审计定价的关系，发现SOX法案404条款执行后内部控制缺陷的存在导致审计定价越高。Hoitash等（2008）研究了内部控制缺陷类型与审计定价水平的关系，发现审计费用的高低与内部控制缺陷的严重程度正相关。张敏（2010）对2008年沪市股数据进行实证研究，表明内部控制缺陷会提高审计定价，因此上市公司披露更多的内部控制缺陷会提高其审计定价。张红英等（2013）发现上市公司存在的缺陷类型与将来发生审计失败的风险成正比，事务所会要求公司为额外的审计程序及风险溢价支付较高的审计费用。盖地等（2013）研究了内部控制缺陷对审计收费的影响，研究表明，审计收费因内部控制存在缺陷而增加，一般缺陷和特定缺陷对审计收费产生不同的影响，相比较而言，审计费用受特定缺陷的影响更加明显。

但有关内部控制缺陷对于上市公司非效率投资行为的系统研究较少，随着内部控制规范文件的出台，越来越多的学者开始认识到不同内部控制水平的企业进行的投资决策机制存在着显著差异，近期有少量文献研究内部控制对公司投资行为的影响。如 Cheng 等（2013）、李万福等（2011）研究发现，有效的内部控制能够抑制公司的非效率投资。方红星等（2013）检验了内部控制对非效率投资产生的抑制作用，认为内部控制失效会引起内部职能部门之间权利失衡、业务流程安排失效、权责分配不合理，最终不能有效地抑制公司的非效率投资。王治等（2015）研究发现，内部控制能够降低企业现金流量过度投资与投资不足的非效率投资现象，并且民营企业的抑制效应要好于国有企业，地方国企的抑制效应要好于中央国企。张超和刘星（2015）研究发现，上市公司内部控制缺陷信息披露对过度投资与投资不足均产生了显著影响，且存在时序上的关系。林钟高等（2016）指出，存在内部控制缺陷的上市公司，代理动机下的现金持有更可能导致企业过度投资。这为研究内部控制缺陷对非效率投资的影响，进而研究高管权力对内部控制缺陷影响的非效率投资效应提供了支持。

2.2.4 高管权力相关文献综述

（1）高管权力的度量

关于高管权力衡量指标的选取，学者们尚未达成一致的意见。Finkelstein（1992）认为高管权力是高管拥有的让企业战略朝自己意愿方向发展的能力，从 4 个层面衡量高管权力，将高管权力划分为专家权力维度、声望权力维度、结构权力维度与所有权力维度。Hu 等（2004）采用 CEO 任期、CEO 是否兼任董事长、CEO 两年内退休与否及大股东是否存在等指标，构建综合指标衡量高管权力。Adams 等（2005）将权力分为正式权力和非正式权力两种，正式权力主要与 CEO 的决策制定有关，常采用 CEO 持股比例、CEO 兼任董事长等指标；非正式权力与 CEO 的职位没有关系，常用 CEO 任期及 CEO 的教育背景等指标衡量。Cheng（2008）从 CEO 与公司创始人、董事长、内部董是否为同一人这一角度，对上市公司高管权力进行度量。Bebchuk 等（2006）发现 CEO 薪酬与高管团队薪酬比对公司业绩有很好的解释力，采用高管相对薪酬衡量高管权力，但这种对高管权力的衡量方法仅是对高管在组织上权力的反映，而对其他如股权结构、董事会监督机制等方面的权力尚未较好地反映。Kim 等（2011）划分高管权力为组织权力维度、个人能力权力维度、所有制权力维度，此外，还在这 3 个高管权力维度的基础上，增加了外部监管机制这一维度，分别选取相应的指标进行度量。国内学者对高管权力的研究起步较晚，卢锐（2008）采用两职兼任、股权制衡度、董事长或总经理是否在之前上任指标，采用积分变量、虚拟变量方法合成高管权力综合指标。方军雄（2009）选取终极控制人性质、持股比例、董事长与总经理两职合一情况、独立董事比例、是否设有薪酬委员会等指标测度了高管权力。权小锋和吴世农（2010）从组织权力维度、专家权力维度、所有制权力维度和声望权力维度共 4 个维度衡量高管权力，各个维度分别选取 2 个虚拟变量来衡量，然后采用主成分分析、算术平均值方法分别合成 2 个 CEO 权力综合指标。

已有的研究关于高管权力的衡量有可借鉴之处，但因中国特殊的制度背景，直接采用国外关于高管权力的衡量指标，可能对于中国企业高管权力缺乏解释力。因此，借鉴已有研究成果，基于中国企业的实际情况，本研究选取两职兼任、董事会规模、任职年限、外部兼职、股权分散和机构持股 6 个指标，采用主成分分析法合成高管权力指标，具体将在第五章中论述。

（2）高管权力的影响后果

Bebchuk 等（2002）在最优契约理论的基础上提出高管权力理论，由此高管权力论被广泛应用于众多研究领域。对高管权力影响后果的研究，从最初的高管权力对薪酬影响的研究开始，学者陆续将研究视角转向高管权力对董事聘任、董事会效率、风险承担、股权激励、公司绩效、股利分红、信息操纵、证券分析师的盈利预测、会计信息质量、并购绩效、企业投资、内部控制质量（赵息等，2013）等方面的影响（汤洪波等，2008；Cheng 等，2009；Morse 等，2011；张丽平等，2012；郭红彩，2013；赵息等，2013；王茂林等，2014；卢馨等，2014；李胜楠等，2015；初春虹等，

2016）。

Bebchuk 等（2002）在最优契约理论的基础上提出高管权力理论，由此高管权力论作为解释薪酬现象的重要理论基础，被广泛应用于众多研究领域。对高管权力经济后果的研究也备受关注，从最初的高管权力对薪酬影响的研究开始，学者陆续将研究视角转向高管权力对董事聘任、董事会效率、风险承担、股权激励、公司绩效、股利分红、信息操纵、证券分析师的盈利预测、企业投资等方面的影响，并取得了较为丰富的研究成果。

黎文靖和卢锐（2007）研究发现，高管权力会影响上市公司的会计信息质量，随着高管权力的逐渐增大，会计信息质量会越来越低。汤洪波和李湛（2008）通过构建高管权力指标，研究高管权力对公司绩效的影响，研究发现董事会的规模、流通股中机构投资者的比例、是否发行有外资股等因素影响高管权力，进而影响企业价值。Cheng 等（2009）研究发现，由于高管薪酬与高管自身利益直接相关，在董事会制定上市公司的薪酬契约时，权力较大的 CEO 会强权进行干预，并且由于绩效与薪酬之间的关联性，CEO 还会强权影响董事会对其的绩效考评工作。Morse 等（2011）研究发现，权力较强的 CEO 会通过运用权力干预董事会中外部董事成员的选取，进而对高管薪酬中具有激励作用的那部分实施权力操纵，使得自身获得相对较高的薪酬。张丽平和杨兴全（2012）以高管权力视角，检验了管理层激励对过度投资的治理效应，结果表明，管理层激励能够抑制企业过度投资行为，但高管权力弱化了管理层激励机制的治理效应。郭红彩（2013）基于 2003—2010 年我国 A 股上市公司的数据，检验了高管权力对上市公司分红行为的影响，得出高管权力与企业的现金股利支付率呈显著负相关关系。魏贤运和柴小康（2013）选取 2007—2010 年的医药、生物制品行业的上市公司为样本，考察了高管权力对上市公司研发支出政策选择行为的影响，实证结果表明，高管权力越小的上市公司，进行资本化研发支出的可能性越大。王茂林等（2014）实证检验了高管权力对现金股利和企业投资效率的影响，结果发现高管权力越大的上市公司的现金股利水平越低，但投资效率越低。卢馨等（2014）选取 2005—2012 年我国 A 股上市公司为研究对象，分别从高管权力强度和高管权力持续性 2 个方面，检验了高管权力对企业投资的影响，结果发现高管权力强度对企业投资水平有显著的正向影响，而高管权力持续性与企业投资水平之间的影响关系不显著。

考虑到现代企业两权分离，使得上市公司高管往往会存在利用权力进行寻租以获取私人利益的机会主义动机。目前我国经理人市场、法律法规等监督系统的不完善为寻租提供了便利的通道，只要有权力，就会或多或少地存在寻租。内部控制的实施过程是不易被外部利益相关者观察的，上市公司高管权力膨胀，具备在内部控制运行过程中实施权力寻租行为的能力和条件。高管权力的存在使得企业高管能够在一定程度上影响董事会、审计监督等权力监督机制的治理能力，超越内部控制约束，影响内部控制缺陷发生率。因此，可以遵循行为金融学中管理者“权力—动机—条件”的研究逻辑，研究上市公司高管权力对内部控制缺陷的影响机理。

国内外关于高管权力的众多研究文献，取得了很多有价值的研究结论。考虑到企业高管在内部控制设立、运行及评价过程中起重要作用，现代企业两权分离，使得上市公司股东与管理者之间存在着委托代理冲突，并导致管理者往往会存在利用权力进行寻租以获取私人利益的机会主义动机。目前我国经理人市场、法律法规等监督系统的不完善为寻租提供了便利的通道，只要有权力，就会或多或少地存在寻租。内部控制的实施过程是不易被外部利益相关者观察的，上市公司管理者可能会利用其拥有的较大权力，通过各种方式，隐蔽地实施最大化自身利益的机会主义行为。对于上市公司而言，在公司内部治理不健全和外部约束薄弱的情形下，内部控制在制约管理者层面比较薄弱，企业高管权力膨胀，具备在内部控制运行过程中实施权力寻租行为的能力和条件。高管权力的存在使得企业高管能够在一定程度上弱化董事会、审计监督等权力监督机制的治理能力，超越内部控制约束。这表明，管理者有能力通过权力实施影响企业的日常治理和经营决策，并可能运用权力进行寻租。因此，高管权力的存在使得上市公司高管利用其权力谋取私利，影响内部控制的实施效果，因此，本研究以高管权力视角，研究上市公司内部控制缺陷存在的影响因素。

2.2.5 市场化改革相关文献综述

樊纲等（2001）认为市场化是从计划经济向市场经济进行转轨的过

程，其并非只是一项简单的规章制度变化，而是牵涉到一系列社会、经济和法律等方面的变革。众多学者就法律、产品市场竞争程度、市场中介组织发育程度等市场化改革因素对上市公司制度安排的影响效应进行了研究，如市场化程度对地方政府控制上市公司动机（夏立军等，2007）、对于缓解代理问题和增强国企高管薪酬激励有效性（辛清泉等，2009），不同产权企业 R&D 投资（郝颖等，2010）、企业资本结构调整过程（姜付秀等，2011）、不同所有权性质企业风险承担行为（李文贵等，2012）、不同产权性质企业实际税率（刘慧龙等，2014）等经济行为的影响。刘华（2015）实证检验了市场化程度对技术创新的影响，发现创新绩效与研发投入、市场知识产权保护程度的关系显著，研发经费投入受金融市场化程度的影响。李慧云等（2015）研究了市场化进程对自愿性信息披露与权益资本成本关系的影响发现，市场化进程加强了自愿性信息披露与权益资本成本的负相关关系，且这种影响在不同产权性质的企业中存在差异。张敦力等（2016）研究了市场化进程、所有权性质对企业相对业绩评价在高管薪酬合约实施中的影响，结果发现市场化程度影响企业相对业绩评价，且相较于国有企业，民营企业更有可能在市场化水平较高的地区实施相对业绩评价。程锐（2016）利用收入差距函数，探讨市场化、企业家精神与地区经济发展的作用机理，发现企业家精神与市场化对经济发展的协同效应优于企业家精神单项指标的影响。曹越等（2016）检验了市场化进程、媒体报道对高管薪酬的影响，研究发现市场化进程与媒体报道的两种类别——正面报道与负面报道之间存在替代效应，二者军队高管薪酬有显著影响，且在不同产权性质的企业中影响程度有差异。程小可等（2017）研究了企业创新、市场化程度对区域就业水平的影响，指出企业创新投入促进区域就业水平的提高，且市场化程度对不同产权性质企业创新投入与区域就业水平之间关系的调节作用存在显著差异。赵建梅等（2017）以 2007—2015 年 A 股上市公司为研究对象，研究了市场化进程、公司业绩对薪酬差距的影响，结果发现，企业业绩与高管薪酬差距之间存在非线性关系，市场化进程的提高对高管外部薪酬差距有显著的积极影响。

亦有学者关注了市场化程度对高管权力行为的制约作用，如杨兴全等（2014）基于市场化改革加快的制度背景，实证检验了市场化进程和高管权力对企业现金持有的影响，结果发现在市场化程度较高的地区，企业现金持有水平随着高管权力的增大而提高，且现金持有水平的提高会导致企业价值下降。陆智强等（2014）和黄娟等（2016）研究发现，外部市场化程度的提高对企业高管运用权力攫取超额薪酬的能力有显著的抑制效应。

上述研究表明了市场化改革对不同产权性质企业制度安排及高管权力机会主义行为影响的普遍性，为本课题基于市场化改革的制度背景，考察上市公司高管权力对内部控制缺陷的影响提供了支持。

2.2.6 非效率投资影响因素文献综述

企业投资行为自20世纪70年代以来，伴随着信息经济学及公司治理理论相关研究的逐步发展，成为理论界及实务界关注的焦点。学者们从委托代理冲突、企业融资结构、企业现金流量、内部资本市场结构及大股东股权控制等角度对企业非效率投资这一行为进行了研究。

关于非效率投资的动因，由于不健全的组织与市场环境，使得信息经济学与委托代理理论对企业投资选择行为的解释合理化，形成了源于委托代理理论与信息不对称理论的投资理论。相应地，对于企业投资效率的研究形成了不同派别的研究者，一是基于信息不对称理论的投资效率研究（Heinkel等，1990；肖珉等，2014），二是基于委托代理理论的投资效率研究（Jensen等，1976；Asker等，2011），三是基于代理理论与信息不对称的双重视角对非效率投资进行研究。亦有中国研究者考虑我国非效率投资现状，指出上市公司委托代理冲突与信息不对称问题，导致上市公司实际投资水平偏离最优投资水平，由此产生了非效率投资（张功富等，2009；郝颖等，2014）。

另有部分学者从企业管理者存在逆向选择行为的角度分析了上市公司的非效率投资现象（Narayanan，1988）。yers等（1984）则从企业信息不对称角度出发，结合其筹资成本问题，提出了“优序融资理论”，指出企业融资按照融资成本大小顺序，会优先选择内部融资，其次选择债务融资，最后是权益融资的先后顺序。由此当企业对外发行权益证券时，投资者则认为这是企业运营的负面信息，采取措施使得企业发行新股时折价发行，在这种情形下，企业管理层则不会采取对外发行股票的方式进行资金筹集，因此会放弃那些较好的投资机会导致投资不足的现象。Jaffee 等（1976）则考虑到债务融资形式，从债务融资市场存在的信息不对称现象对企业投资行为进行分析，认为由于信息不对称现象，企业债权人会出于保护自身利益动机，设定债务的限制性条款以约束股东的行为，由此会增加企业的债务融资成本，导致企业产生投资不足行为；同时，因信息不对称导致部分劣质债券的市场价值被高估，由此降低企业融资成本，会导致过度投资现象发生。另有部分学者认为源于股东与企业管理层之间的信息不对称，会出现“道德风险”问题，由此引致对于管理层的行为决策较难进行监督，管理层为最大化自身利益，会进行过度投资或投资不足的非效率投资选择（Fama，1980）。Grenadier 等（2007）研究认为，因信息不对称问题，相较于企业这一融资主体，外部投资者处于信息获取量较少的劣势地位，为避免融资项目失败，往往会对新股发行估值水平采用平均化估值，这在一定程度上会导致企业对于投资项目收益的低估，进而可能会放弃那些净现值为正的项目，导致投资不足现象。王旭（2015）研究发现，公司治理越不健全，信息不对称程度越大，企业存在的融资约束会严重影响其投资效率。

Jensen 等（1976）研究发现，企业的资本机构，尤其是企业筹资结构中的负债比例，会在很大程度上影响企业的投资决策。Jensen（1986）提出自由现金流理论，认为在经营者最大化自身利益动机的驱动下，企业高管会更倾向于将净现金流投向净现值为负数的项目，即更容易出现过度投资现象。Hadlock（1998）研究发现，高管的股权激励使得公司的投资现金流敏感性增加，同时加剧了公司的过度投资程度，这进一步证明了权益激励基础的高管激励对公司投资有正的影响，还发现了股权激励和研究与开发支出方面的投资呈负相关关系。Broussard（2004）研究发现，高管激励水平与投资现金流敏感性存在一定的相关关系，但是为负相关。特别是在增长机会不佳的公司中这种现象更加明显。欧阳凌等（2005）研究指出，完全竞争与完全垄断两种不同的股权市场结构，监督成本不同，由此对企业投资不足与过度投资两类非效率投资行为的影响程度存在差异。

Hilary 等（2006）通过对盈余及时性、平滑度水平、损失规避度以及盈余激进水平等进行研究，发现投资现金流敏感水平和会计信息质量呈现出相反的趋势，另外研究还发现当主体融资方式以股票融资的方式实现时，这两者之间的相关程度将愈加明显。朱磊等（2009）运用333家中国制造业上市公司的面板数据，实证检验了负债融资及债务期限结构对企业非效率投资行为的影响。Verdi（2011）研究得出，在企业面对各种程度的信息失衡情况时，投资效率和财务报告质量的相关性将进一步提高。窦炜等（2011）采用2000—2008年上市公司数据，分析了大股东控制的不同控制权配置形态下企业的投资决策模型，验证了不同的控制权配置对企业非效率投资行为的影响差异。谢赤等（2013）采用随机前沿分析方法，实证检验了企业社会责任承担对其非效率投资行为的影响。徐倩（2014）研究指出，外部环境不确定性会影响企业投资效率，导致投资不足现象或过度投资现象，但企业采取的股权激励会在一定程度上降低企业管理者的风险厌恶程度，缓解因环境不确定性引致的非效率投资现象。

刘焱等（2015）则从企业生命周期这一动态发展的视角，实证检验了成长期、成熟期及衰退期等不同生命周期阶段企业非效率投资的影响动因。李香梅等（2015）在检验控制权私有收益对企业投资决策影响的基础上，研究发现企业治理机制对于控制权私有收益引起的非效率投资具有显著的抑制作用。贺京同等（2015）研究发现外部宏观层面的货币政策作为企业面临的外部融资环境之一，会影响企业投资决策，且货币政策对不同产权性质企业非效率投资行为的影响存在差异。王治等（2015）基于1010家上市公司数据，通过实证研究得出高质量内部控制可以减轻企业因现金流量过度和投资与投资不足引起的非效率投资现象，且民营企业效果高于国有企业，地方国企好于中央国企。郑冠群等（2015）研究发现中国创业板的过度投资严重于投资不足，而信息不对称下的代理冲突则是导致过度投资发生的主要原因。刘娥平等（2016）实证检验了商业信用对企业非效率投资行为的影响。王嘉歆等（2016）基于嫉妒心理学理论，研究发现高管薪酬外部不公平性对企业非效率投资行为有显著影响。池国华等（2016）对内部控制和EVA考核对非效率投资的综合治理机理进行了分析，并构建了相应的理论框架，更基于2010—2013年国有上市公司数据检验了其综合治理效应。窦炜等（2016）通过对不同控制权配置模式下的企业投资效率问题进行分析，得出我国上市公司均面临着投资效率损失的困扰，上市公司投资效率损失的内在动因是现金流权和控制权的两权分离，不同的模式对公司投资效率的影响也不同。侯巧铭等（2017）基于企业生命周期视角，从成长期、成熟期和衰退期不同阶段，实证检验了管理者代理行为及管理者过度自信二者共同对企业非效率投资行为的动态影响。

2.3 本章小结

本章在回顾委托代理理论、不完全契约理论和寻租理论的基础上，对内部控制缺陷的认定与分类、内部控制缺陷影响因素、内部控制缺陷经济后果、高管权力相关研究、市场化改革相关研究及非效率投资影响因素相关文献进行了回顾与述评。由于在委托代理关系中，委托人与代理人之间的目标函数不一致，为缓解委托代理冲突，便产生了内部控制制度的需求。从已有关于内部控制缺陷存在影响因素的研究来看，主要集中于两个方面，一是公司自身特质方面，如公司规模、上市年数、经营复杂性、财务特征及会计风险等特征；二是公司治理特征方面，如董事会、审计委员会及外部会计师事务所审计等方面。而在我国上市公司管理层掌握企业实质经营控制权，且高管在内部控制制度实际实施过程中起主导作用的情形下，从高管权力的角度进行分析具有重要价值，不完全契约理论与寻租理论为基于高管权力角度的研究提供了理论基础。

而随着市场化改革的推进，企业所处的外部市场化程度不断发生变化，会在一定程度上影响企业契约的履行程度，影响作为代理人的企业管理者的具体履约行为，因此，以高管权力角度分析内部控制缺陷影响因素的研究中，需要考虑宏观层面的市场化改革因素。这将为寻求治理层面的影响因素，提高企业高管对内部控制制度规范的贯彻落实度，减少内部控制缺陷存在可能性的实践提供理论支撑。从国内外研究现状来看，内部控制缺陷的认定、影响因素与经济后果的研究已成为内部控制重要的研究主题，同时外部市场化改革深化及有关在内部控制运行中起主导作用的企业高管权力机会主义行为的研究日趋丰富，这为本研究奠定了基础。

现有研究在以下方面尚有进一步完善的空间：①上市公司高管权力对

内部控制缺陷的影响机理。研究单一因素对内部控制缺陷影响的较多，而内部控制实施是多因素共同作用的现实。缺少以上市公司高管权力为切入点，基于高管在内部控制运行过程中发挥关键性作用的现实，考虑到源于信息不对称，高管存在机会主义动机，与权力监督机制——董事会、外部会计师事务所及监管机构之间发生动态博弈过程，干预董事会和审计监督治理效力的发挥，进而影响内部控制缺陷发生率的作用机理的研究。②市场化改革调节下上市公司高管权力对内部控制缺陷的影响。现有研究多从微观企业自身层面研究内部控制缺陷存在的影响因素，而内部控制实施过程则会受到宏观层面外部市场化改革的影响，缺乏综合考虑外部宏观层面市场化改革与微观层面企业高管权力的共同作用的研究。故本研究基于市场化改革的制度背景，区分异质性内部控制缺陷——公司层面内部控制缺陷和财务报告层面内部控制缺陷，考虑不同行业属性、不同产权性质的上市公司，研究市场化改革调节下高管权力对异质性内部控制缺陷的影响差异。③上市公司高管权力对内部控制缺陷影响的非效率投资效应（Effect of inefficient investment）。现有研究已开始关注内部控制缺陷导致的过度投资、投资不足等问题，但缺乏系统分析高管权力对内部控制缺陷影响的非效率投资效应的研究，尤其是结合中国上市公司投资特点，将非效率投资划分为过度投资与投资不足两种类型，考察这两种非效率投资效应差异的研究。本研究基于委托代理理论与信息不对称理论，剖析我国上市公司高管权力对内部控制缺陷影响的非效率投资效应。

第3章

制度背景与理论分析

3.1 高管权力形成的现实背景

中国转轨经济时期高管权力的形成，与西方国家相比，具有独特的现实背景，且在不同产权性质的企业中，高管权力形成的机理不同。对于国有企业来说，国有产权主体的“虚位”及政府的放权让利改革，促成了国企高管权力的形成；而民营企业高管权力的形成是与民营企业推崇的家族文化因素紧密相关的。上市公司内部治理结构尚未真正发挥治理作用，外部市场监督机制尚发展不完善的共同作用下，助推企业高管权力膨胀。其中，公司治理结构的固有缺陷是高管权力制约力量不足的直接原因，外部股权等监督力量的缺失则是高管权力膨胀的间接助推因素（肖丕楚、张成君，2003）。

因此，外部权力监督约束机制薄弱，我国上市公司股权普遍高度集中，这在所有者“缺位”的国有企业导致了严重的内部人控制，在推崇家族文化或亲情文化的民营企业导致了管理者就是大股东，或管理者与大股东二者合谋。国有企业的大股东缺位和民营企业的大股东与高管身份重合或合谋，是我国上市公司高管权力形成的两种情况。在权力监督约束机制弱化的情况下，企业高管很可能运用其拥有的不断膨胀的权力，通过影响董事会等权力监督机制的履职效力，对企业的经营决策进行干预。

3.1.1 国有企业高管权力的形成

基于中国国企改革的历程，探究国有企业高管权力形成的过程。20 世纪 80 年代，国有企业与政府间的关系不断发生变化，政府不断将对国企的控制权下放，使得国有企业管理者对于企业的经营决策权逐步增强，有了更大的自主权。在这一改革过程中，企业管理者对资产的使用权得到逐渐扩大。但国家这一企业所有者对国有企业的控制却在逐步减少，相应地，政府部门的监督管理也随之减弱，出现监督主体“缺位”的“内部人控制”。但是，如果国有企业的经营管理等方面出现困境，政府最终会出面来实施一些援助，所以，这一改革过程实际上可以看作是企业管理者与政府部门二者之间的博弈过程（张文魁，2007）。纵观国有企业放权让利的改革历程，从放权让利到利改税、承包制和股份制改革等，国有企业高管的经营决策权不断扩大，取得了诸多成绩，但总体来看缺乏整体规划，没有解决实质上的国有产权的核心问题，只是放大了企业自主权。

在国有企业中，国有股“一股独大”，国有股的股东代表控制了股东大会，使得股东大会形同虚设，加之国有资产所有者的“缺位”，使得国有企业高管及其利益相关人控制着国有企业，演化成“一股独大”股权结构下的“内部人控制”（钱颖一，1995）。此外，经营权与所有权分离的现代企业制度下，公司内部治理结构不完善，董事会、监事会等高管权利监督约束机制的失衡和弱化，进一步助推了国有上市公司高管权力的形成。同时，考虑到我国国有企业，高管权力的初始形成源于政府控制权的逐步下放和移交，具有较浓的政治色彩，政府对国有企业有“父爱”情节，在国有企业出现困境时，会扮演拯救的角色，使得高管权力更加膨胀。另一方面，国有企业由于国有股东的“一股独大”，使得政府对于国有企业具有较大的控制力，由此国有企业往往承担一些政策性任务，模糊了国有企业高管经营管理与企业业绩间的关系，增大了对国有企业高管的考核难度，在信息不对称的情况下，无疑会助长高管权力，增大国有企业高管运用软约束来谋取私利的可能性。总之，在国有资产所有者缺位、公司内部董事会、监事会等监督机制失衡的条件下，国有企业高管便拥有了企业实际的经营管理控制权。

综上可以看出，全民所有的国有产权及国有企业与政府间的天然联系，使得国企高管的经营自主权不断扩大。我国经济转轨时期，在公司内部治理结构不够完善、外部约束机制薄弱等制度背景下，无法对企业高级管理者的权力实施有效而完备的监督，使得国有企业高管为攫取个人利益，可能会以不惜牺牲广大投资者的利益为代价，促成了国企高管权力的形成。诚然，将企业经营控制权授予管理者，一方面有利于其充分发挥管理技能，可以在一定程度上提升企业的经营决策效率和质量。但另一方面，也可能会诱发高管滥用权力攫取私利的权力寻租和腐败行为，侵害投资者利益。如关联方交易、构建商业帝国、过度消费，抑或是赤裸裸的财产侵占等（陈信元等，2009）。

3.1.2 民营企业高管权力的形成

随着市场化改革的逐步深化，民营企业获得了快速发展的良好外部环境。相较于国有企业，在产权模糊化的民营企业中，高管权力增大，如卢锐（2008）研究发现，相较于国有企业，民营企业管理者拥有更大的权力。原因主要在于民营企业管理者大多是创始人的亲信，在推崇家族文化的民营企业中，高管权力受到较小的监督制约。其主要原因在于：一是现阶段我国民营上司公司的存在形式主要有2种，一种是合作制形式，另一种是家族化企业的存在形式，这两种形式均存在一个共同的问题，那就是产权模糊，换句话说，这种企业产权的存在形式主要是依靠某种血缘关系的联结（李新春，2003）。由此造就了企业组织团体成员之间具有较大近趋性的利益追求，且因有血缘关系等联结，这些成员可以较容易地占据管理层的多数职位，导致其拥有较强的企业控制力。二是纳超洪（2009）分析得出，民营企业普遍存在一种文化现象，那就是对于家族观念比较看重，一般公司的重要职位人员中会存在较多创始人的亲戚朋友或亲信，他们如果担任管理层重要职位，这些高管人员将极容易凌驾于公司权力约束机制之上进而对公司有极强的控制力。三是民营企业在聘用高级管理人员的时候，倾向于引进那些在价值取向、经营理念等方面与民营企业业主较趋同的人员，这会在一定程度上强化管理层对企业的控制力，导致民营企业家族成员较易长期占据董事会或总经理等重要职位，存在一定程度上的“隐私”经营现象，相应地，会给企业经营带来不确定性风险。

因此，民营企业模糊的产权制度及高管人员与创始人归属关系的存在，导致了民营企业高管权力的形成和膨胀，民营企业高管权力的过度膨胀极易产生高管的盲目决策及滥用权力的机会主义行为。

3.2 高管权力的监督约束机制

两权分离的现代企业制度，使得掌握企业实际经营权的管理者与委托者股东之间存在一定程度上的利益冲突。企业管理者需要激励与约束机制对其行为进行制约，以便减少对股东利益的侵害。企业高管权力的增大，一是可能会给高管从事经营管理活动带来极大的激励，提高其积极性与主观能动性；二是可能会导致董事会等权力监督机制对经营者的监督效力减弱，容易滋生高管权力寻租现象。相应地，设立良好的高管权力监督制约机制，是减少高管权力机会主义行为的重要保障。

从经济学的角度分析，公司治理机制的实质是解决两权分离产生的代理问题（李传军，2005）。Zingales（1997）认为公司治理主要是由内部治理结构与外部控制机制组成的约束系统，公司内部治理结构的主要组成部分是股东大会、董事会和监事会等；外部控制机制的主要构成部分是控制权市场、债务市场及经理人市场等市场约束机制，此外，还有中介组织机构和新闻媒体等。下文就将从内部和外部两个层面，对高管权力的监督约束机制进行分析。

3.2.1 内部治理结构的监督约束

完善的公司治理结构要使得股东大会、董事会和监事会等这些权力监督机构真正充分地履行好其相应的治理职责，从而能够对高管权力进行及时有效的调控，在确保高管权力有效行使的同时，限制高管权力的滥用，使得高管权力在运用过程中合理合法地行使。但在我国转轨经济时期特殊的制度背景下，上市公司内部治理结构的监督治理功效未得到有效释放。

公司内部治理结构中高管权力的监督约束机制主要由股东大会、董事会及监事会组成。其中，股东大会是上市公司形成决议的最高权力机构，但我国国有企业存在严重的国有产权虚置现象，国资委等部门作为国有股权的代表，因其不拥有企业的剩余所有权，相应地，监督企业管理层私利行为的动力不足，由此导致不少上市公司的股东大会都形同虚设，股东大会对高管权力的监督治理作用难以发挥。董事会被看作是股东与管理者间的纽带，在二者之间起到重要的连接作用，是高管权力的重要监督制约力量。公司治理结构主要是处理两权分离产生的委托代理问题，主要包括董事会、监事会等权利监督机构如何尽职地履行好股东委托的任务，以对企业管理者进行有效的监督和激励（陈清泰，2001）。根据委托代理理论，董事会独立性是影响其对高管权力监督制约效力的主要因素，董事会保持自身的独立性是履行好监督职责的必备条件。董事会制度的完善与否、董事会履行监督职责的尽职与否是上市公司能否良性发展的重要因素（李东明、邓世强，1999）。根据《公司法》的要求，董事会成员要经股东大会选举产生，而在我国上市公司的实际运营中，董事会成员的提名主要由大股东控制，尤其是在国有企业中，往往是由上级部门对董事会成员进行行政任命。在企业高管选聘权主要由大股东掌握的情形下，企业管理层与董事会成员选取标准的相似性及利益取向的趋同性，使得董事会在履行监督职责时，因与管理者利益取向等方面的相近性，会比较认同高管的决策行为，难以较好地发挥监督功能（杜玉鹏，2010）。

独立性是独立董事良好履职的基础，若独立董事缺乏独立性，其监督作用将难以发挥。独立董事的独立性可以从形式上的独立性和实质上的独立性两个方面进行分析：一是形式上的独立性，是指独立董事除了担任董事，不能与公司有其他业务等方面的联系；二是实质上的独立性，是指独立董事在履职过程中，不受公司管理层等利益相关者的影响，能够比较客观公正地行使监督职责（肖文锋，2012）。而我国上市公司实际运营过程中，独立董事制度的实际运行效果并不佳，尚未充分履行好监督约束职责（Wade J 等，1990）。虽然上市公司基本按照设立独立董事的相关规章制度设置独立董事人员，但一方面独立董事的聘任过程普遍存在一种管理者发挥主要决定权的现象，由此导致独立董事的独立性会受到影响，难以得到保障。另一方面，独立董事来自企业外部，所掌握企业经营方面的信息不充分，与管理层之间存在严重的信息不对称，一般情况下独立董事不会对企业高管的行动提出公开质疑。此外，虽然身为公司董事，但独立董事与企业内部高层人员相比，会在一定程度上受到排斥，且我国关于保护独立董事履行监督职能的相关法规尚不够健全，这些因素均会使得独立董事的监督效力受到影响。

此外，我国上市公司监事会的监督权往往流于形式，监事会存在严重的边缘化现象（谢靖宇、蔡奕，2012）。主要原因在于：一方面，在制度层面的监事会只是具备监督的权力，不具备直接任免和控制高管的权力，再加上监事会成员的确定方面，实际真正的监事会成员的提名权，往往被企业高管控制，可以想象在这种情况下的监事，在很大程度上会成为管理层的亲信，监事会成员的身份及行政关系不能保持独立性，这就难以保证监事会成员实质上能够独立履行监督职能；另一方面，存在监事会的职责尚未得到有效的规定现象，往往会与独立董事的职责相混淆，并且怎样对监事会成员履职进行比较科学的考核，以实施相应的监督激励，相应的规章制度尚不完善。上述这些因素导致我国上市公司监事会的监督功能弱化，监事会成员难以担当起监督高管人员履职情况的职责。

3.2.2 外部市场的监督约束

外部监督机制主要是指那些在公司外部存在的，旨在约束管理者等企业内部组织机构为最大化广大股东利益，而进行公司各项经营活动的一系列制度安排的总和（杜玉鹏，2010）。我们主要从以下 4 个方面分析企业高管权力的外部监督机制：第一，产品市场的竞争。Shleifer 等（1986）研究发现，如果产品市场竞争比较激烈，那些经营不佳的企业，在市场这个真正的检验企业经营效果的环境下，可能会破产，因此，为了降低企业处于竞争劣势而降低产品销售量或破产的风险，迫使企业管理者需要减少那些最大化私利的权力寻租行为，转而对企业进行较好的经营管理；第二，控制权市场。主要是指那些运营效果不佳的企业管理者在这样一种市场中将被替换，被变更的原因主要在于企业的股权或投票代理权会被控制，由此会对高管权力行为形成制约（Bebchuk 等，2004）。而经营状况较好的上市公司能够采取收购兼并和直接购买股票等方式，实现控制权的交易，由此那些经营不善上市公司的管理者就会受到被替代的外部威胁。公司控制权市场的存在，对企业管理者形成监督制约；第三，经理人市场。在经理人市场比较完善的情况下，如果高管人员滥用权力，将会使其在经理人市场的市场价值降低。由于在这个市场机制中，经理人的聘任者在进行选聘时，会考虑经理人的声誉，经营管理不善或机会主义行为严重的经理人的市场定价会受到影响，由此，会制约高管权力行为；第四，法规制度。在完善的法律法规体系下，如果公司内部人侵占投资者利益，将会受到相应法律规章制度的惩罚，由此造成的个人声誉、职业生涯断送等损失，将超过违反法规所获得的潜在利益，这会扼制内部人的利益侵占行为。换句话说，法律法规的完善会在一定程度上保护中小投资者的利益。La Porta 等（1998）指出，若外部法律法规比较健全，即股东的投票权、剩余收益索取权，债权人的重组或清算权等获得良好的法律保障，会提高投资者将资金投入资本市场的意愿。总之，如果外部法律法规不健全或者不能有效执行，上市公司管理层或大股东侵占中小股东利益的行为所带来的法律风险，及由此造成的损失成本会较低。在这种情况下，当高管权力增大时，就可能会运用权力进行寻租。

3.3 市场化改革深化与区域市场化进程的差异

20 世纪 70 年代末，我国开始了由计划经济向市场经济转变的经济体制改革历程，不同于苏联和东欧国家激进式的改革方式，我国的市场化改革是逐步推进的，由此中国经济的市场化进程是逐渐深化的，这里的市场化进程主要是指区域的政治、经济、市场和法律等社会综合发展水平。

关于市场化进程的测度方面，卢中原等（1993）指出，中国的市场化进程可以从投资市场、价格市场、生产市场和商业市场等 4 个方面进行衡量。樊纲等（2011）对于中国市场化进程的测度方面进行了长期研究，构建了市场化指数，对中国各省区市场化进程进行了评价，并先后发布了连续性的市场化进程报告。其中的市场化指数是由 5 个分项指数合成的综合指数，用于反映市场化总体程度。并且指出因我国转轨经济时期特殊的制度环境，沿海、沿江与内地，东部、中部与西部地区间的法律制度环境等方面存在显著差异，随着市场化改革的逐步推进，地区间与之相应的法律法规处于不断变迁完善之中，市场化进程是一个“相对”数。原因在于：一方面，市场化体系发展本身是一个不断进步的过程，难以找到绝对比较的参照系；另一方面，我国各地区市场化程度参差不齐。例如，沿海省份的市场化程度较高，而另外一些省份的经济发展中，非市场因素还占有较重要的地位。这表明，市场化指数是各省区市场化程度高低相比较的相对位次，不是绝对的市场化程度。

在渐进式市场化改革逐步深化的情形下，我国区域市场化程度具有逐渐提高的趋势，但也呈现出明显的区域非均衡性（陈宗胜等，1999）。转轨经济时期，中国区域间市场化发展不平衡，政府质量、市场发育程度、法律环境存在差异，相应地，对企业高管行为选择的约束程度存在差异。在市场化程度较低的地区，市场发育程度较低，经济及法律环境相对较差，政府可以获得的发展资源较少，在各种政治目标的压力下，政府可能会采取措施来干预所管辖地区企业的运营，尤其是通过有形或无形之手对国有企业的干预，以转移政治目标的压力。由于市场运作机制发展不够完善，政府还会对司法机关等部门的履职产生影响，使得法律法规的执行效果大打折扣。而在市场化程度较高的地区，政府对企业资源的依赖程度较低，市场机制对稀缺经济资源配置的作用较大，相应地，政府对企业运营的干预程度降低，政府部门监管的独立性较强，法律法规的执行力度增大，法律环境相对较好，制度环境得到改善。

市场化改革是研究我国上市公司行为必须重视的一个制度背景，在中国逐步由计划经济转向市场经济的过程中，政府权力配置逐渐从集权型向分权型转变，相应地，资源配置主体逐渐由政府向市场转变，市场化改革促成了响应市场力量的资源配置系统的形成（Groves 等，1995）。相较于公司的其他治理机制，市场化程度是最基本的治理机制，它会影响到企业这一契约结合体的实际运行，进而在公司治理中发挥治理效应（夏立军等，2005）。

现代企业的本质是各种不完备契约最终组成的一个集合体，由于契约对于未来发生的不确定事项难以用响应款项加以规定，契约存在不完备性，会导致企业剩余控制权的分配会受到权力的操纵，由此，需要有相应的制度安排对其规范。市场化改革尤其是法律法规会影响市场内各个参与者的行为决策，相应地，会影响到作为市场经济主体的企业的运营，可以在一定程度上约束剩余控制权的滥用。外部市场化改革的推进与公司治理机制的健全有效是提升企业竞争力的重要因素之一，原因在于企业的竞争优势主要来源于宏观层面的政府制度方面及微观层面的公司治理方面（周建等，2009）。随着市场化改革的不断推进，对投资者保护的增强，政府职能逐渐发生转变，对市场主体的干预程度降低，而较多地扮演为企业等市场主体服务的职能，监管部门的监管力度增大，对高管侵占股东利益行为的制约强度增加。

3.4 市场化改革背景下高管权力对内部控制缺陷的影响

近年来发生的诸多公司财务欺诈等违法违规案件背后大多都有高管的参与，这充分暴露出内部控制在制约高管层面的薄弱。考虑到我国国有上市公司普遍股权比较集中，高度集中的股权结构在国有资产所有者缺位的国有企业，导致了严重的“内部人控制”，企业高管权力更多代表着大股东的权力，在一定程度上是大股东意志的体现形式，由此导致高管权力膨胀。由经济人自利假设，权力膨胀的管理者为了最大化自我效用，存在通过权力寻租以获取私利的机会主义动机。且高管在内部控制设立及运行过程中有重要决策权，在目前公司治理结构尚不健全、立法不够完善的情形下，如果上市公司内部控制制度设计或运行中存在缺漏，高管就可能会滥用权力影响董事会、监事会、审计监督等重要权力监督机制的治理效力，进而影响内部控制的实施效果。此外，在市场化改革不断深化的制度背景下，制度环境不断改善，主要表现在政府对市场的干预程度逐步减小，监管部门的独立性增加，投资者保护程度增强，外部市场的监督激励力量增强，进而不断约束高管侵占中小股东利益的行为，对高管权力的直接和间接约束增强，对高管权力形成塑造效应，势必会影响内部控制实施过程中高管权力的作用效果。

鉴于此，本研究从公司治理的微观层面，基于我国上市公司内部治理机构未充分发挥治理作用，助推高管权力形成的现实，若上市公司内部控制运行中存在不足，则可能会影响权力监督机制治理效力的角度，以高管权力角度，研究高管权力分别对董事会特征和审计监督在内部控制中治理效力的影响，即分别研究高管权力对董事会特征与内部控制缺陷之间关系的影响，及高管权力对审计监督与内部控制缺陷之间关系的影响；进一步地，从宏观市场化改革层面，基于市场化改革深化，引致制度环境逐渐改善的制度背景，研究市场化改革对内部控制运行中高管权力作用效果的塑造效应，即市场化改革对高管权力与内部控制缺陷之间关系的调节作用。

3.4.1 高管权力对内部控制缺陷的影响机理

公司内部治理中的股东大会、董事会和监事会等组织结构，对经理人监督治理功能的发挥，是企业管理层良好履行受托责任的保障（方红星、金玉娜，2013）。如果公司治理层面的内部控制运行不佳，不能有效约束企业管理者，而仅注重内部控制对企业员工的控制，就很可能会出现企业管理层凌驾于内部控制之上的情形，此时，不管设计多么健全的内部控制，其执行效果也会大打折扣[9]。内部控制可以通过监督、激励与合约3种方式解决企业管理者的机会主义行为问题，其中，合约方式主要是通过与企业管理者签订合约的方式来制约管理者，但这种方式会因合约的不完备性，不能从根本上解决问题；激励方式通过设计激励合同，使管理层利益与股东利益趋同一致，但因激励不相容问题，激励方式发挥的治理作用不明显。对于监督方式，主要是通过公司治理结构的监督力量对企业管理者的机会主义行为形成约束。在内部控制运行中，企业高管机会主义行为的主要监督力量有董事会、监事会、内部审计机构、审计委员会等（Denis，2000）。同时，因外部审计对企业财务报告、内部控制有效性进行鉴证，也是企业管理层的重要监督制约力量。

本部分以企业高管权力增大情形下，高管可以强权干预权力监督机制治理功能发挥的角度，研究我国上市公司内部控制缺陷存在的影响因素。原因在于造成我国上市公司内部控制失灵或失效的根源，主要是管理层合谋舞弊或越权凌驾于内部控制之上等，造成这种现象的根本原因是忽视了治理层面的内部控制，对管理层的监督机制失效导致的。因此，本部分分析高管权力对董事会和审计监督二者治理效力的影响，由此对内部控制缺陷影响的作用机理。

1. 董事会与审计监督在内部控制中的治理作用

（1）董事会的治理作用

由委托代理理论可知，董事会是股东的代理人，股东委托董事会这一组织机构对企业管理者的经营决策行为进行监督，是保障股东利益不受侵害的主要的公司内部组织机构，是连接企业管理层与股东的“桥梁”，这一组织结构可以参与重要问题的战略决策过程，并履行对企业管理者的聘任职责，监督公司管理者对决策的实施情况，来实现对公司经理层及整个公司运作的监督控制。

董事会作为公司内部治理结构的核心，负责内部控制制度的建立、完善和有效实施，在促进企业提高内部控制质量方面起到重要作用。因此，董事会对于内部控制缺陷存在的制约中发挥着至关重要的作用。鉴于此，本研究选取董事会特征的三方面特征——独立性、稳定性和异质性，研究具有什么特征的董事会，可以充分发挥对内部控制缺陷存在的抑制作用。首先，董事会独立性被认为是一种对管理层进行监督的有效机制，董事会的独立性对公司行为的监督和控制效果最显著。李斌等（2005）曾提出独立董事的专业性和客观性可以降低管理层对公司资源的侵占和挪用。独立董事在董事会成员总数中所占比例越高，董事会的监督治理作用就越强，越能够减少管理者舞弊合谋现象的发生率，抑制管理者机会主义行为的发生。其次，董事会稳定性是董事会成员变动情况的体现，稳定性较高意味着成员变动程度较低，被看作是反映董事会治理能力的一个重要因素（冯慧群等，2013）。董事会履行监督职能需要对公司经营状况足够熟悉，董事会成员变动程度较低的上市公司，可以为董事了解公司经营管理决策等信息提供条件，同时也表明股东对董事会成员的履职情况比较认可（杨清香等，2009）。最后是董事会异质性，主要是指董事会成员在专业、价值观念和技能等诸多问题上存在的个体之间的差异，董事会成员构成的这种差异对其认知方式、价值观选择和行为决策等诸多活动会产生影响。如果董事会成员之间在阅历、经验等方面的差异较大，大家对待同一问题的看法、侧重点各有不同，就能比较全面地把握问题，避免片面地分析问题的一个方面，这样能降低决策出现差错的概率（Anderson，2011）。审计委员会作为董事会下设的重要专门委员会，主要职责是审查企业财务报告、协调内部审计、管理者及外部审计的相互沟通、保证审计质量、监督与评价内部控制运行等事宜。审计委员会的治理作用表现在以下方面：一是审计委员会负责聘请外部审计师并与其进行沟通等相关事宜，由此可以为外部审计保持独立性提供保障；二是审计委员会与内部审计部门相互合作支持，以监控企业财务报告体系和内部控制实施，减少上市公司违规现象的发生。由此，审计委员会与外部审计师和内部审计部门的有效配合，能够降低企业的代理成本。如 Naiker 等（2009）研究表明，审计委员会能发现并监督纠正内部控制缺陷。

（2）审计监督在内部控制中的治理作用

公司治理中的审计监督机制主要由外部审计监督和内部审计监督两方面构成，其中内部审计监督可以分为两个层次，一是由监事会或审计委员会进行的监督，二是由内部审计机构进行的监督。而如前文所述，在我国上市公司实际经营过程中，监事会通常流于形式，难以有效发挥监督作用。因此，本研究主要从内部审计机构和外部审计两个方面来分析审计监督机制。2002 年，内部审计师协会（The Institute of Internal Auditors，IIA）在提交给美国国会的《改善公司治理的建议》中特别提出，健全的治理结构要发挥良好治理作用，关键是董事会、执行管理层、外部审计和内部审计这四大基本治理主体要相互协同。内部审计机构在公司治理中扮演全面监控组织风险的角色，并检查确认相应的控制措施能否真正缓解这些组织风险，这直接有助于企业组织达到其经营目标、促进其价值实现。2006 年 9 月，深圳证券交易所发布的《上市公司内部控制指引》第五十九条明确规定，内部审计部门要负责定期检查公司内部控制运行情况，以便及时发现内部控制缺陷，并直接对董事会报告，以评估内部控制执行的有效性，同时提出相应的改进建议。2008 年 5 月，五部委联合颁布的《企业内部控制基本规范》第十五条要求企业应加强内部审计机构建设，确保内部审计机构的设置、人员配备充足和工作保持独立性等。程新生等（2007）指出，内部审计是主要负责全面审查与监督内部控制制度执行的专门组织，可以通过系列监控程序维持和改进上市公司的控制系统，对内部控制的运行实施连续监督，由此能够及时掌握企业内部控制制度的健全性和有效性，预防并减少内部控制运行不良带来的损失。

外部审计作为高管权力的外部监督力量，是企业缓解委托代理关系中信息不对称程度及代理冲突的重要制度安排，是公司委托代理问题治理机制的重要组成部分。2010年4月，我国《企业内部控制配套指引》中，要求上市公司聘请有资质的会计师事务所对企业内部控制设计和运行的有效性进行审计。内部控制审计被看作是提高企业内部控制有效性的重要制度安排，至此，外部审计机构除了接受企业委托进行财务报告审计，还有相应执业资质的审计机构负责内部控制审计。内部控制鉴证逐渐超越财务报表审计的范围，演变为专门审查内部控制有效性的活动（李明辉、张艳，2010）。

2. 高管权力对董事会与审计监督治理功能影响的动机

在内部控制运行过程中，企业高管运用权力影响董事会和审计监督治理的动机因素可以从个人因素和企业因素两个层面进行分析：第一，个人因素层面主要包括获取较高薪酬利益、晋升或连任、荣誉或地位、隐瞒自身违规行为等方面。管理层激励机制主要是通过在事前设计较完备的激励契约，在事后采取相应的惩罚措施等途径来缓解委托代理中的信息不对称问题。从理论上讲，设计良好的激励契约应当具有减少管理者自利行为的作用，可以减少代理问题。换句话说，设计较好的激励契约将公司经营绩效与管理者激励紧密相连，企业管理层为了获得更多的激励补偿，会更加努力地经营公司。但管理层激励契约的设计往往会因高管权力的干预而沦为代理问题的一部分，减弱激励效果。如果管理者付出努力后，所得收益达不到预期，且通过其他途径获取的私人收益大于为之付出的成本，高管就可能会通过挪用公款、私设小金库等途径来“创造”或“改善”公司业绩，以攫取私利。第二，企业层面因素主要包括融资困境、操控股票价格等方面。由于首发股票的上市公司需要保持连续三年盈利，如果企业不能满足这一条件，就可能会出现管理层为了“保盈”目的而进行舞弊的现象。此外，股票价格的下降将减少管理层持有股权的价值，直接的奖金追回和惩罚不仅会降低管理层的奖励收入，而且会影响到管理者在职业经理人市场的声誉。

由于董事会和审计监督是公司治理中高管权力的主要监督约束机制，会制约高管以权谋私的机会主义行为，高管权力的膨胀会引致高管强权干预董事会和审计监督履职，影响董事会和审计监督在内部控制中的治理效力。

3.4.2 市场化改革对高管权力与内部控制缺陷之间关系的调节作用

随着市场化改革的深入推进，与之相应的经济和法律法规不断变迁完善，对高管权力的形成产生塑造效应。我国当前区域间市场化程度发展不平衡，相应地，对高管权力的约束力度不同，势必会影响内部控制运行中高管权力行为的作用效果。因此，本部分基于市场化改革的制度背景，选取宏观层面市场化改革这一高管权力的重要外部制衡力量，研究市场化改革对高管权力形成的塑造效应。市场化改革引致制度环境改善，制度环境作为企业重要的外部环境，对企业行为有着重要影响。制度环境不同于产品市场和控制权市场等外部市场方面的治理机制，相较于公司内部与外部治理机制，它是影响企业行为的更基础性层面的因素，制度环境是公司所面临的政治、法治、市场等一系列外部环境（周建等，2009）。市场化改革引致的制度环境改善对高管权力的制衡作用主要包括直接制衡与间接制衡两个方面。一是直接作用于高管权力，即通过改善企业外部法律制度、政府与企业关系等环境机制，直接加大对高管权力的监督与约束力度；二是间接作用于高管权力，即通过对其他公司治理机制的改进，间接对企业高管滥用权力的机会主义行为起到监督约束作用。

1. 制度环境对高管权力的直接影响

对于企业内部控制实施而言，制度环境主要是指企业内部控制制度设立、实施及维护等活动所处的法律制度环境、市场环境及政治环境等方面。以下分别从法律制度完善程度、市场化发育程度及政企关系方面，剖析市场化改革对内部控制实施中高管权力行为的影响。

法律在社会组织尤其是经济活动组织中扮演着重要角色，法律体制的建立与健全，有利于保护投资者利益。我国新兴资本市场中，关于投资者的法律保护机制尚不健全，由此造成中小股东利益极易受到大股东及管理层的侵占，即相关法律法规的缺失会使得股东之间的利益冲突难以得到缓解。高雷等（2007）研究表明，在一个法律水平较高的地区，大股东掏空上市公司的行为会受到更多法律约束，有助于降低企业的代理成本。贺琛等（2014）研究发现，地区法律制度环境的改善，可以对高管运用权力进行盈余管理的行为起到制约作用，抑制高管运用权力实施盈余管理活动程度。此外，地区法治环境还会影响企业的外部审计需求。法律环境越好地区的上市公司，对高质量审计的需求越大，且外部审计监督治理功能的发挥受到外部法律执行环境的影响，法律环境的改善，有助于外部审计监督质量的提高，能在更大程度上缓解代理冲突（雷光勇、范蕾，2009）。

对于市场环境方面，市场发育程度较高的地区，市场体制带来信息透明度增强，投资性资本竞争加剧，相应地，上市公司会更加主动地关注投资者的信息需求，这会在一定程度上降低信息不对称程度，减缓上市公司的代理问题（张慧敏、陈德球，2009）。杨有红等（2011）研究发现，上市公司所在地区的市场化程度影响企业内部控制自我评估报告的披露，我国的东、中、西及东北地区的市场化指数呈阶梯状差异，而这四个地区上市公司的内部控制自评报告的披露状况与区域阶梯状反映基本一致。在市场化水平较高的竞争环境下，企业为保持生存所需要的市场份额和改善经营业绩，会使经理在控制成本和挖掘新的投资机会两个方面努力工作，同时减少企业业绩在反映经理努力程度方面的噪声，这些因素在一定程度上抑制了高管权力的机会主义行为（Holmstrom 等，1989）。

政府与企业的关系可以从政府对企业的干预与政府对企业的监管两个方面进行分析。在我国特殊制度背景下，国有企业最终被各级政府、地方政府部门控制，因政府存在对企业特殊的控制权，使得政府有能力将社会目标内化到所控制的企业中，从而对企业的各种行为施加影响。国有企业的多任务目标模糊了企业绩效与管理者努力之间的因果联系，这样就为高管进行权力寻租提供了便利。但公司所处外部市场化进程的提高有助于减轻政府干预的负面影响，随着市场化的推进，政府部门对市场主体的干预程度逐渐降低，政府控制企业以使其承担社会发展任务的动机减弱，相应地，因政府干预引致的高管权力寻租行为发生的概率降低。同时，由于政府与企业间关联关系的减弱，使得政府监管部门的独立性增强，有利于政府监管功能的发挥，这又在一定程度上增强了对高管机会主义行为的约束力度。

2. 市场化改革对高管权力的间接影响

市场化改革带来的制度环境改善是推动公司治理动态变迁的重要力量，会增强公司治理机制的治理功能，进而增强对企业管理层的监督、制约和激励作用。李海燕等（2007）认为，公司外部市场化改革可以通过公司外部资本市场等市场机制，间接地对公司内部权力行为形成制衡，进而约束企业管理者行为。本研究主要从外部审计机构、机构投资者、媒体监督及市场机制等方面来探讨外部约束力量对高管权力行为的影响。

第一，外部会计师事务所、机构投资者和媒体是上市公司的利益相关者对经营者实际履行契约的情况实施评价和监督的主要渠道。如果外部审计、机构投资者监督及媒体治理机制是有效的，那么企业管理者迫于外界声誉市场的压力，就会增大工作的努力程度，努力提高内部控制质量，由此减少内部控制缺陷的发生。外部会计师事务所的审计监督作为一种重要的监督治理方式，能有效避免管理层的机会主义行为，在一定程度上减少经理人代理冲突，高质量外部审计可以降低企业可操纵应计利润水平，抑制上市公司的盈余管理程度（蔡春等，2005）。徐帅等（2014）通过分析财务报告的生成过程，得出外部会计师事务所进行的审计能够对企业管理者产生较强的监控作用，促进上市公司提高财务报告质量，进而提高投资者保护程度。外部审计机构的专业胜任能力越强，审计监督治理效果越明显，对上市公司高管运用权力影响利润真实性的行为的制约作用越强（王艳艳等，2006）。同时，市场化改革的改善，有利于机构投资者治理作用的发挥，媒体的治理作用更加有效（醋卫华等，2012）。

第二，产品市场的监督治理作用主要表现在产品价格与质量的竞争方面。Williamson（2000）研究发现，产品市场的竞争机制会促使企业高管更加关注企业运营成本的降低和经营效益的提高。如果企业在内部控制建立与实施过程中存在漏洞或不足，影响公司经营状况，公司往往会在产品竞争市场上处于下风或者被淘汰。产品竞争市场从上市公司生产的终端产品方面，给上市公司管理者提供了更加有效的外部监督约束力量。

第三，控制权市场对企业高管私利行为的制约作用。如果企业管理者的经营管理比较差，在存在控制权转移现象的控制权市场中，上市公司可能会被兼并收购，由此使得那些代理成本较高的管理者可能会丧失对企业的经营管理权，因控制权市场使得经营不佳的企业面临较大的被接管风险，由此对公司经营者形成了强有力的威慑，可以缓解经理人与投资人之间的代理冲突，降低代理成本。

第四，债权人市场。主要是指债权人会在债务条款中限制经理人的投资去向，或规定借贷资金用途不能随意变更等事项，债权人市场既增加了上市公司提高信息披露的动机，也增加了债权人对公司内部控制建立和实施的需求（魏锋、薛飞，2010）。在债权人市场中，债权人比较关注企业的经营盈利能力及获利情况，以维护自身的债权人利益，由此会对公司内部控制等治理体系提出更高的要求。马力等（2013）研究发现，债务融资对中小企业发挥治理作用，不同的债务融资方式发挥的治理作用存在差异。公司债务融资对企业管理者在经营管理活动中具有激励与约束作用，且市场化程度越高的地区，债务治理作用也越明显（唐松等，2009）。

3.5 非效率投资现实

国家所实施的经济宏观调控的主要手段包括投资、出口和消费，出于缓解经济市场疲软的发展态势，以刺激消费增长、带动投资增加，拉动经济上行，我国政府采取一系列促进投资增长的举措，但诸多投资并未真正产生预期的投资效果，缘于资源错配导致非效率投资。若在无摩擦的资本市场条件下，整个经济体系中所有投资项目的资本投资的边际产出应该是相等的，也就意味着不会存在资本配置呈现的非效率问题。

改革开放以来，我国逐步实现了投资主体多元化，表现在政府宏观调控下的投资决策、投资项目选择及投资项目管理等方面，企业投资自主权扩大现象，形成了独具中国特色的投资管理体制。但在实际经济发展过程中却出现了与高投资共存的投资低效率，往往表现为重复投资等过度投资问题。秦朵（2003）等采用1989—2000年的数据，研究发现我国省际的投资效率，呈现投资需求对所需资本价格信号敏感度低的现象，但对各级政府的财政政策及货币政策的敏感度较高。庞明川（2007）研究发现，从宏观层面来看，我国整体投资效率较高，但在局部地区及行业存在严重的过度过热或过度投资现象。

实际经济主体运行中，因委托代理冲突及信息不对称问题，我国上市公司管理层出现逆向选择与道德风险行为，会基于自我利益最大化，而非考虑广大股东利益来进行投资项目决策，管理层的投资决策往往偏离最优投资水平，会出现投资项目的净现值未大于或等于零，而是呈现投资项目净现值小于零的投资行为，即过度投资现象；或放弃了投资项目净现值大于零的投资项目，即投资不足现象。过度投资与投资不足两种非效率投资现象，严重影响企业的可持续发展，损害投资者利益，并会造成宏观经济结构不合理、风险增大。因此，亟须对上市公司的非效率投资行为进行治理。

3.6 本章小结

本章基于转轨经济时期我国上市公司高管权力形成的独特的现实基础，分析了企业高管权力形成的现实背景，指出国有企业虽经历了放权让利、承包责任制和股份制等现代企业制的改革，但终因其产权主体虚位，存在严重的内部人控制，管理者权力逐步增强，掌握企业的实际经营决策控制权，管理层权力问题相当严重。高管权力的集中需要有监督制约机制，否则可能会出现高管出于自利等动机的权力滥用行为，带来代理风险。结合中国上市公司治理特征，从微观层面的内部治理结构与宏观层面的外部市场机制两个层面，分析了因高管权力监督约束机制未发挥良好的约束作用，会导致上市公司高管滥用权力、权力寻租行为的发生，凌驾于内部控制之上，进而影响内部控制缺陷发生率。

具体地，结合渐进式市场化改革逐步推进的制度背景，分析了我国不同区域市场化程度的差异，由此带来企业所处外部市场化进程的差异。宏观层面的市场化改革会对企业包括内部控制在内的制度规范的履行产生影响。由此，基于市场化改革推进与区域市场化发展不平衡的宏观环境，分析了高管权力对内部控制缺陷的影响机理。因公司治理是内部控制执行的现实与重要环境因素（高明华、马守莉，2002），但我国上市公司治理结构虽然在形式上不断完善，其实际上尚未发挥良好的治理作用（黄凯南，2012）。在公司治理机构有名无实的情形下，高管权力增大时，出于薪酬、晋升、隐瞒舞弊违规行为、操控股价等动机，会在一定程度上影响董事会、审计监督等权力约束机制在内部控制运行中的治理效力，进而增大内部控制缺陷发生率。同时，外部市场化改革推进对高管权力的直接约束和间接约束力度增强，会对高管权力行为形成塑造效应，进而影响高管权力的作用效果。此外，还深入分析了我国上市公司普遍存在的非效率投资现实，为下文从内部控制缺陷的存在会增大企业信息不对称程度，进而影响上市公司进行投资项目决策作铺垫。

第 4 章

基于博弈论的高管权力对内部控制缺陷影响的深层原因分析

4.1 引言

根据信息经济学，信息不对称会引致道德风险与逆向选择，在上市公司内部控制实施过程中，企业高管与董事会及外部会计师事务所、监管部门之间存在信息不对称，从趋利避害和成本效益的角度分析，高管具有最大化自身利益的动机。在当前公司股东大会形同虚设、监事会治理边缘化的情形下，对高管的行为决策履行监督职能的董事会、外部会计师事务所及监管部门，亦会根据自己所拥有的信息，做出最大化自我利益的策略选择。由此，存在基于"动机选择"的博弈，本章进行企业高管与董事会之间的博弈分析，及企业高管与会计师事务所、证监会之间的多阶段动态博弈分析，剖析上市公司高管权力影响内部控制缺陷的深层原因，为下文揭示高管权力对内部控制缺陷影响的作用路径作理论铺垫。

4.2 相关文献回顾

针对源于信息不对称引致的委托代理冲突，企业高管与董事会之间、企业高管与会计师事务所及证监会之间的博弈问题，已有诸多学者展开了相关研究。丁大巍等（2009）研究发现，在预算软约束条件下，银行高管与董事会、政府之间的博弈，能够影响银行高管的薪酬机制。赵建风（2013）指出，董事会与企业高管的帕累托最优风险分担机制及帕累托最优努力水平不易实现，但能够通过设计健全的内部控制系统，实现双方各自的最大期望效用。李辉（2016）研究得出，高管外部继任是一个复杂的外部继任高管与董事会之间的动态博弈过程。树友林（2011）基于企业高管权力膨胀，可能会发生高管凌驾于内部控制之上而谋取私利的现象，通过构建证监会与企业高管之间、高管与会计师事务所之间的子博弈模型，剖析了企业内部控制失效问题。陈凌云等（2010）则运用贝叶斯法则，重点分析了内部控制评价中企业管理层与审计师的博弈，构建了内部控制评价中各利益主体间连动的分析框架。栾甫贵等（2017）分析了公司员工这一内部控制执行主体，在企业内部控制披露过程中扮演着“吹哨者”的角色，对员工、公司和审计师三者之间进行基于单期不完全信息动态模型的博弈分析，得出完善的“吹哨者”保护制度能够减少公司对内部控制的不实披露。

4.3 企业高管与董事会的博弈分析

在企业内部控制制度设立、执行及评价过程中，高管位于公司科层结构的顶端，起主导作用，董事会对内部控制的建立健全及有效执行履行监督职能，二者对于内部控制目标的实现发挥重要作用。由于现代公司法人治理结构尚不完善，董事长兼总经理等现象严重，使得内部控制的制衡机制失效，董事会未能充分履行监督职能。在现代监事会监督职能边缘化的情形下，即使董事会做出的相关决议损害了投资者的利益，监事会也不能发挥良好的监督职能。

对于企业高管而言，因公司委托代理关系，经营权与所有权分离，所有者与经营者的目标函数不一致，出于“理性经济人”最大化自我利益的动机，在企业高管掌握企业实质控制权的情形下，企业高管在获取了对公司的实质控制权后，随着其权力的膨胀，在自利动机作用下可能会滥用职权削弱董事会的监督功能，在制定企业内部控制制度及执行内部控制制度过程中，出于趋利避害及成本效益的考虑，往往存在因最大化自我利益而侵害委托人利益的行为，使得高管利益侵占问题不仅成为一个代理问题，且成为一种特殊的内部控制问题（孙金帅等，2011）；对于董事会，在国有上市公司及“一股独大”的民营上市公司中，会出现诸如关联方交易等服务于控股股东利益的自利行为（余明桂等，2004），尤其是在国有上市公司，董事会发生这种行为的现象更加严重。因此，着重分析信息不对称情形下董事会和高管的行为选择。

4.3.1 博弈参与方的策略选择

企业高管和董事会作为内部控制的行为主体，基于各自所拥有的信息，在内部控制制度制约下，遵循“理性经济人”自我利益最大化，权衡成本收益，选择各自的最优决策行为，由此出现了企业高管与董事会之间的博弈。

1. 研究假设

（1）博弈参与人都是理性的，能够做出最优化的理性选择；

（2）博弈参与人之间信息不对称。企业高管拥有较多信息，董事会拥有较少信息；

（3）博弈参与人之间的效用函数不一致；

（4）企业高管实施合规经营与违规经营的成本无差异。

2. 博弈参与方的策略选择

（1）企业高管策略选择

企业高管有两种选择方式：合规经营或者不合规经营。合规经营是指企业高管履行受托责任，以股东权益最大化为经营目标来行使经营管理权；不合规经营是指企业高管滥用权力，实施的损害股东利益的操纵股价、关联方交易等道德风险行为。

（2）董事会策略选择

董事会有两种策略：低质量监督和高质量监督。高质量监督是指董事会对企业管理层的合法履职情况进行的较高质量监督；低质量监督则是指董事会未能较好地履行相应的监督职责。

4.3.2 博弈模型构建及求解

董事会与上市公司高管的策略组合存在以下 4 种情况：（高质量监督，合规）、（高质量监督，不合规）、（低质量监督，合规）、（低质量监督，不合规），相应的支付矩阵如表4－1所示。

表4－1　企业高管与董事会的博弈矩阵

企业高管＼董事会	高质量监督（L_1），	低质量监督（$1-L_1$）
合规（H_1）	S，－C	S，0
不合规（$1-H_1$）	S＋E－T，T－C	S＋E，－F

其中，S表示上市公司高管合规经营的正常收益；E表示上市公司高管不合规经营的灰色收益；F表示上市公司高管不合规经营给各利益相关者带来的负效用；T表示董事会对上市公司高管不合规经营所做的惩罚；C表示董事会监督上市公司高管所付出的成本。根据上述支付矩阵，分别计算董事会的期望收益函数与企业高管的期望收益函数。

董事会的期望收益函数为

$$E_1 = L_1 \times H_1 \times (-C) + L_1 \times (1 - H1) \times (T - C) + (1 - L_1) \times (1 - H_1) \times (-F) \tag{4-1}$$

企业高管的期望收益函数为

$$E_2 = L_1 \times H_1 \times S + L_1 \times (1 - H_1) \times (S + E - T) + (1 - L_1) \times H_1 \times S + (1 - L_1) \times (1 - H_1) \times (S + E) \tag{4-2}$$

对于式（4－1）中董事会的期望收益函数E_1，对其中L_1求导，并令等式为0：

$$\partial E_1 / \partial L_1 = H_1 \times (-C) + (1 - H_1)(T - C) - (1 - H_1)(-F) = 0 \tag{4-3}$$

同理，对式（4－2）中上市公司高管的期望收益函数，对其中K_1求导，并令等式为0：

$$\partial E_2 / \partial H_1 = L_1 \times S - L_1 \times (S + E - T) + (1 - L_1) \times S - (1 - L_1) \times (S + E) = 0 \tag{4-4}$$

由此，通过式（4－3）、式（4－4）求解，可以得出董事会的最优监督概率L_1^*及上市公司高管的最优合规经营概率H_1^*，即$L_1^* = E/T$，$H_1^* = 1 - C/(T + F)$，相应地，上市公司高管的最优不合规经营的概率为$C/(T + F)$。可以得出在董事会选择高质量监督与低质量监督及上市公司高管选择是否合规经营的博弈过程中，纳什均衡解为 $L_1^* = E/T$；$H_1^* = 1 - C/(T+F)$。

4.3.3 博弈结论与启示

企业内部控制实施过程中，基于企业高管与董事会之间的信息不对称引致的博弈分析，对于董事会高质量监督的纳什均衡解，可以得出，若上市公司高管动用权力违规经营，则其灰色收益越高，董事会高质量监督的概率则越大，相应董事会所做的惩罚力度越大，越能制约企业高管遵循内部控制制度，降低违规经营概率，董事会的监督力度也会相应地降低。对于上市公司高管合规经营的纳什均衡解，可以得出，董事会监督上市公司高管的监督成本 C 越高，高管的合规经营概率越小，高管不合规经营给各利益相关者带来的负效用 F 越大，则董事会的监督力度会越大，以抑制上市公司高管的不合规经营行为。

4.4 企业高管、会计师事务所与证监会之间的多阶段动态博弈分析

企业高管位于企业科层结构的顶端，在内部控制制度设立及执行过程中起主导作用，源于委托人与代理人之间的信息不对称与激励不相容，作为"理性经济人"的高管权力膨胀，可能会凌驾于内部控制之上以谋取私利，由此不仅要考虑企业高管的内在激励，还要考虑外在监督机制，以减少内部控制制度在设立及实施过程中的缺点或不足的发生率，即降低内部控制缺陷发生率，提高内部控制的风险管控水平。外部会计师事务所和证监会作为重要的外部监督机构，贯穿于企业内部控制实施全过程，本研究以博弈论的视角，分别从企业高管、会计师事务所、证监会 3 方面来剖析企业内部控制缺陷问题，将内部控制缺陷发生率与博弈各方的策略选择相联系，通过分析各参与方的策略行为及其均衡结果，旨在揭示各博弈参与方对企业内部控制缺陷发生率影响的深层原因。本研究针对信息不对称环境下的内部控制缺陷存在问题，建立图 4－1 中企业高管、会计师事务所、

证监会这三个局中人的多阶段动态博弈模型，对企业内部控制缺陷进行分析，并提出相应的对策。

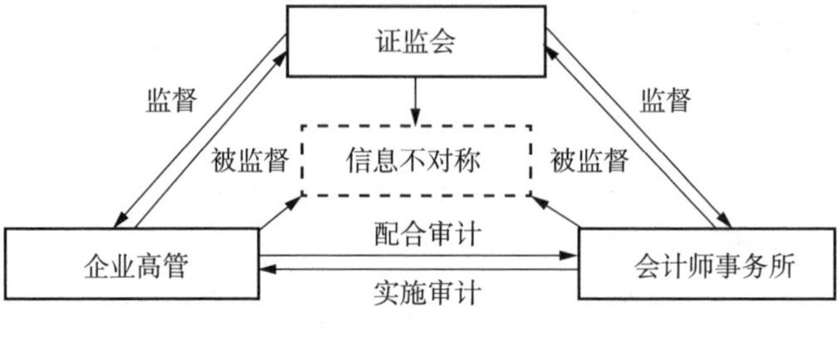

图4－1　企业高管与证监会、会计师事务所之间的博弈

4.4.1　博弈参与方的策略选择

1. 研究假设

（1）博弈参与人都是理性的，能够做出最优化的理性选择；

（2）博弈参与人之间信息不对称。企业高管拥有较多信息，外部会计师事务所和证监会拥有较少信息；

（3）博弈参与人之间的效用函数不一致；

（4）企业高管实施合规经营与违规经营的成本无差异。

2. 博弈参与方的策略选择

（1）企业高管策略选择

企业高管有两种选择方式：合规经营和不合规经营。合规经营是指企业高管履行受托责任，以股东权益最大化为经营目标来行使经营管理权；不合规经营是指企业高管滥用权力，实施的损害股东利益的操纵股价、关联方交易等道德风险行为。

（2）会计师事务所策略选择

会计师事务所进行外部审计监督工作有两种策略：合规审计和违规审计。合规审计是指会计师事务所依据审计准则，实施法定审计程序，对审计客体存在的问题进行充分揭示和反映；违规审计是指会计师事务所未实施充分的法定审计程序或与审计客体合谋，不披露或少披露被审计单位存在的问题，出具虚假审计报告的情形。

（3）证监会策略选择

证监会对企业高管、会计师事务所进行监督管理有两种选择策略：低质量监管和高质量监管。高质量监管是指证监会对企业的合法运营情况及会计师事务所合规履职情况进行的较高质量的监督管理；低质量监管则是指证监会未能较好地履行相应的监督管理职责。

4.4.2 博弈参与方的收益成本和博弈决策树

博弈的参与方可以表示为 $I=\{1, 2, 3\}$，其中 1 表示企业高管，2 表示会计师事务所，3 表示证监会。博弈的策略集可以表示为 $S=\{S_1, S_2, S_3\}$，其中 S_1 表示企业高管在第一阶段的策略选择，即合规经营 S_{11} 和违规经营 S_{12}。S_2 表示会计师事务所在第二阶段的策略选择，即合规审计 S_{21} 和违规审计 S_{22}。S_3 表示证监会在第三阶段的策略选择，即低质量监管 S_{31} 和高质量监管 S_{32}。

1. 博弈参与方收益成本设定

（1）企业高管的收益成本

假设企业高管合规经营的净收益为 0，违规经营的增量收益为 R_1，一旦被查处，违规收益为 0，违规被会计师事务所审计发现，惩罚成本为 F_{11}，与会计师事务所合谋被证监会查处的附加惩罚成本为 F_{12}。

（2）会计师事务所的收益成本

假设会计师事务所合规审计的成本为 C_{21}，合谋审计的成本为 C_{22}，由于提供合规审计需要付出更多的时间和精力，所以 $C_{21}>C_{22}$。企业高管违规经营时，会计师事务所提供合规审计揭示相关问题的收益为 R_{21}，会计师事务所与企业高管合谋，未被证监会发现可获得的收益为 R_{22}，被证监会查处的惩罚成本为 F_2。

（3）证监会的收益成本

假设证监会监管的成本为 C_{31}，低质量监管的成本为 C_{32}，低质量监管要比高质量监管付出更多的成本，所以 $C_{31}>C_{32}$，在证监会监管查处企业高管违规经营时，可获得收益为 R_{31}，查处企业高管与会计师事务所合谋时，可获得收益为 R_{32}，并且 $R_{32}>R_{31}$，而低质量监管不能发现企业高管违

规经营的损失为 F_{31}，不能发现企业高管与会计师事务所合谋审计时的损失 F_{32}，并且 $F_{32} > F_{31}$。

2. 博弈决策树

假设企业高管合规经营的概率为 P_1，会计师事务所合规审计的概率为 P_2，证监会高质量监管的概率为 P_3。博弈参与方的策略选择可用图 4 - 2 博弈树表示。

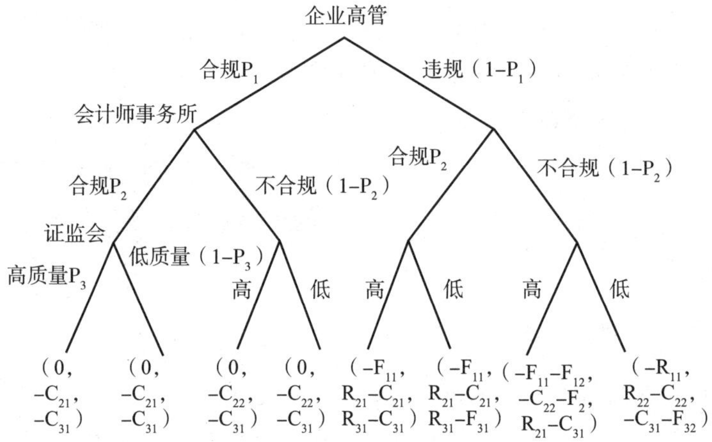

图 4 - 2　企业高管、会计师事务所与证监会之间的博弈树

4.4.3　博弈均衡分析

用 U_1 表示企业高管的效用函数，U_2 表示会计师事务所的效用函数，U_3 表示证监会的效用函数。由上文的分析可得出各博弈参与方的博弈均衡条件。

（1）企业高管合规经营的策略均衡条件

由博弈树可知，企业高管合规经营的期望收益为：$E[U_1(S_{11})]=0$

违规经营的期望收益为：

$$E(U_1(S_{12})) = P_2 \times U_1(S_{12}, S_{21}, S_3) + (1 - P_2) \times U_1(S_{12}, S_{22}, S_3)$$
$$= P_2 \times (-F_{11}) + (1 - P_2) \times [P_3 \times (-F_{11} - F_{12}) + (1 - P_3) \times R_1]$$

企业高管采取合规经营的条件是

$$E(U_1(S_{11})) > E(U_1(S_{12}))$$

整理得

$$[P_2+P_3\times(1-P_2)]\times F_{11}+(1-P_2)\times P_3\times F_{12}>(1-P_2)\times(1-P_3)\times R_1 \tag{4-5}$$

当概率不变时，F_{11}、F_{12}越大，不等式（1）越容易成立。即惩罚成本越高，企业高管越倾向于合规经营，越有利于企业内控制度的有效性。当$P_2=0$时，式（4-5）变为$P_3\times(F_{11}+F_{12})>(1-P_3)\times R_1$；当$P_2=0.5$时，式（4-5）变为$F_{11}+P_3\times(F_{11}+F_{12})>(1-P_3)R_1$；当$P_2=1$时，式（4-5）变为$F_{11}>0$。由此可见，$P_2$越大，式（4-5）越容易成立。即会计师事务所合规审计对企业高管合规经营具有重大影响，进而影响到企业内部控制的有效性。同理P_3也一样，即会计师事务所与证监会的监管越得力，企业高管越倾向于选择合规经营，即越有利于企业内部控制的有效性的发挥。

（2）会计师事务所合规审计策略均衡分析

由博弈树可知会计师事务所合规审计的期望收益为

$$\begin{aligned}E(U_2(S_{21}))&=P_1\times U_2(S_{11},S_{21},S_3)+(1-P_1)\times U_2(S_{12},S_{21},S_3)\\&=-C_{21}+(1-P_1)\times R_{21}\end{aligned}$$

会计师事务所合谋审计的期望收益

$$\begin{aligned}E(U_{22}(S_{22}))&=P_1\times U_2(S_{11},S_{22},S_3+(1-P_1))\times U_2(S_{12},S_{22},S_3)\\&=-C_{22}-(1-P_1)\times P_3\times F_2+(1-P_1)\times(1-P_3)\times R_{22}\end{aligned}$$

会计师事务所采取合规审计的条件是：$E[U_2(S_{21})]>E[U_2(S_{22})]$整理得

$$(1-P_1)\times(R_{21}+P_3\times F_2)>C_{21}-C_{22}+(1-P_1)\times(1-P_3)\times R_{22} \tag{4-6}$$

由式（4-6）可知，在其他条件不变的情况下，R_{21}越大，F_2越高，R_{22}越小，不等式越容易成立。即会计师事务所查处企业高管违规经营的收益越高，会计师事务所与企业高管合谋被证监会查处的惩罚越高、未被证监会查处的收益越低，会计师事务所越倾向于选择合规审计。会计师事务所的合规审计有利于督促企业高管合规经营，有利于企业内控制度有效性的发挥。

（3）证监会高质量监管策略均衡分析

由博弈树可知证监会高质量监管的期望收益：

$$E(U_3(U_{31})) = P_1 \times U_3(S_{11}, S_2, S_{31}) + (1-P_1) \times U_3(S_{12}, S_2, S_{31})$$
$$= -C_{31} + (1-P_1)[P_2R_{31} + (1-P_2)R_{32}]$$

证监会低质量监管的期望收益：

$$E(U_3(S_{32})) = P_1 \times U_3(S_{11}, S_2, S_{32}) + (1-P_1) \times U_3(S_{12}, S_2, S_{32})$$
$$= -C_{32} - (1-P_1)[P_2F_{31} + (1-P_2)F_{32}]$$

证监会采取高质量监管的条件：$E(U_3(U_{31})) > E(U_3(U_{32}))$，整理得

$$(1-P_1)[P_2 \times (R_{31} + F_{31}) + (1-P_2) \times (R_{32} + F_{32})] > C_{31} - C_{32} \quad (4-7)$$

由式（4－7）可知，在其他条件不变的情况下，R_{31}、R_{32}、F_{31}、F_{32}、C_{32}越大，C_{31}越小，不等式越容易成立。即证监会高质量监管的成本越小，收益越高，低质量监管的成本越高，损失越大，证监会越倾向于选择高质量监管。证监会高质量监管有利于督促会计师事务所合规审计、企业高管合规经营，进一步有利于企业内控制度有效性的发挥。

4.4.4 博弈结论与启示

本部分通过建立多阶段动态博弈模型，综合分析了企业内部控制制度设计及执行过程中三个局中人——企业高管、会计师事务所、证监会的博弈策略及其对内部控制运行的影响，论证了内部控制缺陷存在是参与者博弈均衡的结果。通过博弈结果分析，可以采取措施降低内部控制缺陷发生率，提高风险管控水平。

由此得出，对于企业高管，应增大其加强内部控制建设的主动性，加大对其凌驾于内部控制之上进行违规经营的惩罚力度，提高其在经济、社会声誉等方面的违规成本，抑制其违规经营的机会主义动机，强化对企业高管权力的监督和约束，遏制企业高管权力滥用和腐败，以减少内部控制缺陷存在的可能性。同时，加强对外部会计师事务所违规审计的惩处力度，增加外部审计师进行审计寻租的成本，促进审计人员合规履职，提高审计监督质量。强化证监会从企业管理层入手的监管技术创新，推动监管

信息公开，提高监管工作的监督效力。

4.5 本章小结

本章基于内部控制实施中的信息不对称现实，从各利益相关方均存在最大化自我利益，存在出于“动机选择”引致的博弈问题，着重分析企业高管与董事会之间的博弈，及其与外部会计师事务所、证监会之间的多阶段动态博弈，分析了企业高管权力对内部控制缺陷影响的深层原因。由此得出，企业应合理制约高管权力，增大其违规经营的损失成本，增强董事会高质量监督效力，加强外部会计师事务所低质量审计的惩罚力度，推动证监会监管信息公开等增强监管质量的对策。

第 5 章

高管权力、董事会特征与内部控制缺陷

5.1 引言

随着公司治理研究的深入，作为现代公司治理结构核心的董事会，其治理效率与效果日益成为理论界与实务界关注的重点领域。学者们从不同的视角对董事会治理相关内容进行诸多研究，主要形成了以下不同的观点：委托代理理论认为，董事会作为股东的代理人，其主要职责是监督管理者使其为股东利益最大化而工作；利益相关者理论，从上市公司诸多利益相关者的角度，认为董事会除了要关心股东利益，还应关注其他利益相关者的利益；现代组织理论从把上市公司作为组织单位的视角出发，认为董事会在企业中的主要职责在于接受股东委托、监督经理层、参与企业战略及政策的制定；阶级霸权理论基于董事会的影响力及在公司中的地位，认为董事会良好履职的关键在于要有合适的董事会成员（丁忠明、王振富，2008）。提升董事会治理效率的关键在于，要对董事会构成、权力、义务、运作以及董事履行职责做恰当的机制设计和制度安排，由此，关于董事会的责任和义务规定明确，并且董事会成员认真履行，董事会才能有效发挥治理作用（段海艳，2014），而这也要求董事会具有一定的规模、结构以及独立性。那么，在内部控制运行中，什么样的董事会能够发挥良好的监督治理作用，减少内部控制缺陷的存在呢？同时，董事会作为股东的代表，是对高管关于内部控制的建立和运行等系列决策行为的主要监督力量，而高管权力集中则会对董事会的履职产生影响，那么，高管权力会对董事会特征与内部控制缺陷间关系产生怎样的影响？现有研究尚不充分。本研究以 2009—2013 年沪、深两市 A 股上市公司为样本，研究董事会特征的 4 个方面——董事会独立性、董事会稳定性、董事会异质性和董事会审计委员会存续时间，研究董事会特征对内部控制缺陷的影响。进一步通过合成高管权力指标，考察高管权力干预对董事会特征与内部控制缺陷之间关系的影响。

5.2 相关文献回顾

董事会是由股东大会选举的董事组成的最高决策机关，具备不同特征的董事会所发挥的治理作用会存在差异。关于董事会特征方面的研究，目前学者们多从董事会规模、独立性、会议召开情况、董事会成员年龄、学历等方面展开。如 Zahra（1989）首次从 4 个方面衡量董事会特征，即董事会构成、素质、组织结构及行为特征，着重构建了董事会影响内部控制能否有效实施的模型，研究发现，合理的董事会组成结构是企业内部控制有效运行的重要前提，董事会的行为特征除了对企业信息披露程度有重要影响，对内部控制有效性也有显著影响。谢志华等（2011）指出两权分离的现代公司制度使董事会具备决策功能，监督与决策是董事会的主要治理功能，董事会代表股东来行使对高管的监督职能，主要是指负责对 CEO 的聘用事宜，监督 CEO 行为以减少其侵犯股东利益的可能性，并实证检验了董事会成员构成对董事会决策效率的影响。马连福等（2014）根据代理理论和资源依赖理论，通过构建上市公司董事会资本模型，检验了董事会资本对公司治理水平的影响，结果发现董事会成员的资本资源越丰富，上市公司整体治理水平越高。

审计委员会作为董事会下设的、独立董事占多数的专业委员会，是公司治理结构中一种重要的制度安排。审计委员会对于内部控制运行状况进行监督，并且对于内外部审计之间的沟通可以发挥辅助协调作用，审计委员会的设立和有效履职，从组织结构及制度层面，为内部控制的有效运行提供了保障。Olson 等（1999）指出，审计委员会在审计程序中起到关键性作用，审计委员会可以使董事会、财务经理、CEO、内部审计师和外部审计师之间良好互动，共同发挥良好的治理作用，由此提高企业财务报告的可靠性。Abbott等（2000）通过对被SEC查处的公司的对比研究，发现审计委员会成员中独立董事人数占比越高，越不容易发生财务错报。Bedard等（2004）研究发现，审计委员会成员中有财务知识专长的人员，可以促使审计委员会更好地对企业财务及信息披露等方面履行审查监督职责，由此得出具备较高专业能力的审计委员会，可以降低企业盈余管理行为发生概率的结论。刘彬（2014）以2008—2011年深市主板上市公司为研究样本，以投资者保护视角，实证检验了审计委员会特征对上市公司信息披露质量方式的影响，结果发现，单独的审计委员会独立性、专业性和职责保障程度特征变量对上市公司信息披露质量有正向影响，但影响不显著。进一步考虑投资者法律保护程度因素后，影响效果随着投资者保护程度的不同在不同地区存在显著差异。

关于董事会特征与内部控制之间关系的研究，朱海珅等（2010）指出，企业规章制度、企业文化等都是影响内部控制有效运行的力量，并实证检验了董事特征对内部控制实施的影响，结果表明，独立董事人数较少、董事会规模较大、董事会与CEO两职兼任的上市公司，内部控制有效性较低。宋文阁等（2012）研究了董事会特征对企业内部控制目标的影响。结果发现，董事会比例、审计委员会设置对企业内部控制目标实现有显著的正向影响，而对董事会会议次数的影响则不显著，董事长与总经理的两职合一，虽然可以显著提高企业经营效益，但与财务报告可靠性目标、法律法规遵循性目标二者呈负相关关系。类似地，张阳（2013）的研究发现，董事会人数越多，反倒不利于内部控制运行，内部控制有效性越低，独立董事比例越高、董事长与CEO两职分离会显著增强内部控制的有效性，并且董事会成员的报酬水平越高，越能改善内部控制效果。

然而，Jensen等（1976）研究发现，根据代理理论，由于企业CEO往往是自利和厌恶风险的，其利益最大化目标与股东目标常常相背离，由此，适度的CEO权力有利于提高董事会的决策效率，但若CEO权力过于膨胀，则常常会出现CEO为了追求自身利益而运用自身权力影响董事会决策的情形。Dalton等（1978）研究发现，如果CEO权力较大，则可能会影响董事会的独立判断，削弱董事会的治理效力。Shivadasani（1999）认为，CEO能够运用权力影响董事会成员的选聘，进而筛选出有利于自身发展的董事会成员，相应地，董事会的独立性会被弱化。Fracassi 等（2012）研究了 CEO 会运用自身权力影响董事会成员的选聘，权力较大的 CEO 更倾向于聘任与自己有关联关系的董事，进而，CEO 因外部网络关联所获得的权力会影响公司的绩效。冯慧群等（2013）根据代理理论和信号理论，实证检验了董事会独立性、网络性和稳定性对企业现金股利政策的影响，结果发现董事会独立性对企业现金股利分配倾向无显著影响，董事会网络性和董事会稳定性二者分别与现金股利分配倾向之间呈显著的正向关系。而 CEO 权力的增大能够减弱董事会特征对现金股利分配倾向的正向影响程度。周建等（2013）根据资源依赖理论与代理理论，实证检验了董事会成员人力资本、高管权力对企业研发投入的影响，结果发现，董事会人力资本深度对企业研发投入有显著的正向影响，CEO 权力较大对这种关系有负向调节作用，表明 CEO 权力对董事会人力资本深度的影响作用，是导致企业研发投入产生差异的重要原因。

上述国内外文献研究了董事会特征对内部控制有效性、内部控制目标、内部控制质量、公司治理水平等因素的影响。另有学者考虑到董事会监督治理功能的发挥可能会受到 CEO 权力的影响，对高管权力影响董事会治理治理效力问题进行了研究，如高管权力影响董事会的独立决策、影响董事会在企业研发投入、现金股利分配等经济事项中发挥治理功能。但鲜有研究系统分析董事会特征是否对内部控制缺陷有影响，及高管权力对董事会特征与内部控制缺陷之间关系的影响。对这一问题的系统研究能够在理论上指导企业加强董事会建设，合理制约高管权力，以减少内部控制缺陷的存在，同时丰富了内部控制研究领域的内容。

5.3 理论分析与研究假设

5.3.1 董事会特征与内部控制缺陷

关于董事会特征与内部控制缺陷之间关系的研究，已有文献集中于董事会治理对内部控制目标、内部控制有效性的影响，且多从董事会结构、专业性和行为特征等方面展开（刘亚莉等，2011；宋文阁、荣华旭，2012；孟贵珍，2013）。而董事会独立性是影响董事会有效性的根本因素之一；董事会稳定性是董事会成员保持不变的程度（杨清香等，2009），董事会成员较稳定时，表明董事会的履职得到了股东及企业管理层的认可，同时较稳定的董事会成员会更熟悉公司的业务流程及政策制度，以便于其履行监督职能；董事会成员在专业和技能等方面存在的客观差异，会影响董事会的决策质量和效率，进而影响公司的运营活动（刘松博等，2010）。在2002年的《上市公司治理准则》中指出，可以在董事会中设立审计委员会。在审计委员会中，独立董事应占主导地位并至少拥有一名财务专家。此后，2008年公布的《企业内部控制基本规范》指出，企业应当设立审计委员会，对内部控制的有效实施进行监督评价。因此，本研究从董事会独立性、董事会稳定性、董事会异质性和董事会审计委员会存续时间4个方面研究董事会特征对内部控制缺陷的影响。

代理理论认为董事会是解决企业所有者和管理者代理问题的重要公司治理机构，独立董事的存在能够强化董事会的监督功能，保持独立性是增强董事会监督治理效力的重要途径（郑志刚、吕秀华，2009）。Fama（1980）指出如果外部独立董事的人数增加，则会增加董事会的独立性，这势必会遏制管理者与内部董事之间合谋等违规行为的发生。Fama等（1983）研究发现，外部董事在董事会履行日常监督职能中发挥重要作用，尤其是对于解雇业绩较差的管理人员等方面，起到了关键性作用。Daily等（1994）指出，外部董事比例越高，董事会监督能力越强。外部董事相较于其他董事会成员，与企业的关联度较低，因此在一些决策事件中会更具客观性，由此具备相对较高的独立性，当高层管理者出现问题时也更容易解除工作合同（Weisbach，1988）。Krishnan（2007）研究发现董事会中独立董事占比越高，董事会的客观性和独立性越强，可以更好地抑制管理层舞弊等机会主义行为，识别出内部控制缺陷。Hermalin等（2008）也采用试验的方法，实际考察了内外部董事二者所拥有权力的相对分配情况，结果表明当管理者的谋私行为要达到侵害股东利益的边界点时，如果增加适当比例的外部董事，就可以遏制这种行为。国内学者杨忠诚等（2008）研究发现，独立董事的监督会抑制经理人的盈余管理行为。郑志刚等

(2009) 从独立董事与其他公司治理机制的交互作用出发，研究发现上市公司的独立董事间接地发挥了公司治理的作用，能够显著地改善公司治理效果。由此可以预期，因独立董事来自企业外部，相对于内部董事，更能有效地监督企业管理层加强内部控制建设，发现内部控制中的漏洞与不足。由此得到假设：

H1：董事会独立性越高，内部控制缺陷存在的可能性越小。

董事会稳定性可以用来表现公司董事会成员变动的频繁程度，主要包括董事会成员总数的变化，及董事会规模不变时董事会成员自身的变化两个方面（刘际陆，2012）。在上市公司经营过程中，董事会作为股东利益的代表，主要履行监督管理层的职责，如果其利益与股东利益保持一致，将会产生较好的监督效力。董事会变动频繁程度较低时，说明董事会越能够限制企业高管滥用职权的行为，董事会的决策监督比较符合股东利益，股东对董事会的履职基本认可。如冯慧群等（2013）研究发现，董事会稳定性越高，当上市公司存在较多现金流时，越倾向于分配现金股利。周冬华（2014）研究得出，具有较高稳定性的董事会，对高管机会主义行为的监控作用更强，会抑制企业管理层进行盈余管理的程度。而董事会稳定性较低时，则可能是以下两种情况：一是董事会成员发现公司内部控制运行中存在漏洞或企业高管存在舞弊行为，但无法有效行使监督职能，出于维护声誉资本的考虑，采取主动离开董事会的方式；二是当董事会成员无法有效履行对企业高管的决策战略指导及监控职责时，被股东替换掉。换句话说，董事会稳定性越高，意味着董事会能够较好地发挥监督企业高管设立内部控制制度、监控内部控制实施的职能，由此，内控设计或执行过程中存在不足的可能性会较小。由此，本研究提出假设：

H2：董事会稳定性越高，内部控制缺陷存在的可能性越小。

Finkelstein 等（1996）研究指出，团队异质性是指团队成员在人口统计学特征、认知观、价值观等方面的差异。Anderson（2011）指出董事会异质性是指董事会成员在职业、教育、性别、种族、年龄等上的差别。董事会成员所受到的专业教育、从业经历等会对其认识问题、分析问题的视角产生影响，对其判断问题的价值观方面也会产生影响。董事会成员彼此之间分析问题的视角越丰富，越能够增强决策的质量。此外，那些在政府机关、行业协会等组织机构有任职经历的董事会成员，因其自身特有的影响力，无形中会提高企业的市场形象和市场价值。Kilduff 等（2000）研究表明，成员异质性能够有效提高团队决策意见的丰富程度，提高决策质量，进而提升公司绩效。相应地，拥有不同专业、经历和经验的跨领域、多元化的董事会成员，有不同的认知模式，可以从不同角度分析问题，提高董事会决策质量。因此，董事会成员异质性越高，董事会的监督决策质量越高，越能有效监督企业内部控制的运行，减少内部控制缺陷的存在。由此得到假设：

H3：董事会异质性越高，内部控制缺陷存在的可能性越小。

2002 年，证监会规定了董事会下设的审计委员会对于财务报告质量、内部控制监督等方面的职责，但对其设立未做强制要求。2008 年，《企业内部控制基本规范》明确指出企业应设立审计委员会，审计委员会被看作是内部控制的审查、监督和评价者。2010 年的《企业内部控制基本规范》配套指引，又详细地规定了审计委员会的职责权限，这标志着我国审计委员会制度建设日趋完善。我国审计委员会经历了一个从无到有、责权不断完善的过程。由此，审计委员会的设立会影响内部控制的执行效果：第一，内部环境方面。公司治理结构是内部控制实施的重要内部环境，其中董事会是公司治理结构中的重要决策机构，审计委员会作为董事会下属的专门委员会，以其特有的专业性监督财务报告、评价内部控制，可以增加对专业问题独立评估并有效判断的概率，Zhang 等（2007）研究发现审计委员会中财务专家比例与是否存在内部控制缺陷显著负相关。由此，审计委员会的设立可以完善公司治理结构来改善企业内部环境，促进内部控制质量提高。第二，风险评估方面。审计委员会可以对内控自评报告及内控审计报告进行比较专业的分析，评估企业经营中面临的各种风险，找到影响其发展的各种因素，并提出相应的对策。第三，控制活动方面。审计委员会通过了解内部控制实施过程和财务报告流程，可以为内部审计部门提供信息资源，增强内部审计对于公司经营活动的监督治理能力，能够更及时地发现和纠正内部控制实施中的漏洞。第四，信息与沟通方面。审计委员会聘请外部审计师并与之沟通相关事宜，保证外部审计的独立性，与内部审计师的沟通存在意见分歧时能够有效识别并独立判断。第五，内部监督方面。通过制定日常的工作章程，定期举行审计委员会会议等，监督内控实施及内部控制自我评价情况，有助于保持内部审计机构和外部审计师的独立履职，评估内部审计职能在企业整体风险管理系统中的角色和有效性，监督外部审计人员的选择过程并复核其审计工作。Krishnan 等（2007）和 Naiker 等（2009）研究得出，审计委员会可以发现并监督纠正内部控制缺陷，如果企业拥有较高独立性和专业性的审计委员会，则会减少内部控制缺陷。而公司内部控制的执行是一个不断发现和弥补缺陷的逐步完善的过程，相应地，审计委员会存在时间较长的情况下，可以发挥较好的治理效力，相应地企业内部控制缺陷越少。故提出假设：

H4：董事会下设审计委员会存续时间越长，内部控制缺陷存在的可能性越小。

5.3.2 高管权力、董事会特征对内部控制缺陷的影响

尽管董事会在监督内部控制执行过程中发挥着重要作用，但高管的权力配置结构会对其履职产生影响。Dalton 等（1987）研究表明，富有权力的 CEO 能扭曲董事会独立性而干预董事会履职。Harris（2008）研究表明，权力较大的高管会通过干预审计委员会成员的任命，降低提供给审计委员会的信息质量等方式阻止审计委员会监督作用的发挥。刘焱等（2014）研究发现，高管权力较大的情况下，审计委员会专业性这一特征的治理能力会被减弱，相应地其对内部控制的监控效力会降低。高管可以通过以下途径干预董事会履职：①董事会成员设置方面。Carcello 等（2011）研究发现，强权高管会安排“消极”履职或符合自身利益的董事会成员，将自己的权力植入董事会，进而影响董事会的决策；②董事会解决与高管有争议的问题方面。高管会运用强权使董事会妥协，使其被动同意自己的决定；③独立董事履职所需的信息质量方面。独立董事不参与企业日常经营，与内部经营者间存在严重的信息不对称，而独立董事要履行监督职责必须获取相关信息。由此得到：

H5：高管权力能够调节董事会特征与内部控制缺陷之间的关系，即减弱董事会独立性、稳定性、异质性及董事会审计委员会存续时间对内部控制缺陷存在的降低作用。

5.4 研究设计

5.4.1 样本选择与数据

本研究以2009—2013年沪、深两市A股上市公司为初选样本，剔除：①金融类上市公司，因这类上市公司在内部控制等监管方面与其他行业显著不同；②CEO当年发生变更的上市公司；③研究所需高管权力、董事会特征及内部控制等相关数据缺失的上市公司。最终得到2968个样本观测值。主要数据来源如下：CSMAR数据库、RESSET数据库和Wind数据库，巨潮资讯网的上市公司自我评价报告、内部控制审计报告、公告和年报等。表5-1列示了样本的行业分布特征。

表5-1 全样本行业分布特征

行业代码	行业名称	样本公司数（家）	占全样本的比重（%）
A	农林牧渔业	71	2.39
B	采掘业	37	1.25
C	制造业	1613	54.35
D	电、煤气、水生产及供应业	141	4.75
E	建筑业	49	1.65
F	交通运输和仓储业	81	2.72
G	信息技术业	165	5.56
H	批发零售业	249	8.39
I	房地产业	217	7.31
J	社会服务业	104	3.51
K	传播与文化产业	24	0.81
L	综合类	217	7.31
M	合计	2968	100

注：行业分类是根据证监会《上市公司行业分类指引》的12个大类进行分类。

5.4.2 内部控制缺陷的认定

对于内部控制缺陷的认定，一方面可以从上市公司对外披露的内部控制信息获取，如上市公司的内控自评报告、内控鉴证意见和上市公司年报中的“公司治理结构”或“重大事项”部分，如果存在关于内部控制的否定语句，则可以认定上市公司存在内部控制缺陷（董卉娜、朱志雄，2012；刘中华，梁红玉，2015）。由于多数公司把内部控制缺陷信息看作是不良信息，在有关内部控制缺陷信息披露的制度规范不完善情形下，上市公司存在模糊披露、少披露或不披露等现象。因此，仅从上市公司披露的内控信息，进行内控缺陷是否存在及存在哪种缺陷的认定可能不够全面。

而《企业内部控制审计指引》列举了表明企业可能存在内部控制重大缺陷的4类迹象：①外部注册会计师发现企业的董事、监事及高级管理人员舞弊；②上市公司更正已经对外公布的财务报表；③外部审计师发现企业财务报表有错报，但内部控制实施中未发现；④企业内审机构及审计委员会的监督无效。这些列出的情况，对于内控缺陷的认定来说，具有一定的参考价值。

由此，本研究根据内部控制目标，并参考《企业内部控制审计指引》中列示的内控缺陷迹象表现，从直接证据和间接证据两个层面，较全面地识别企业是否存在内部控制缺陷。其中，直接证据从公司内控自我评价报告和内控鉴证报告的审计结论来获取，若以上存在关于公司治理或内部控制的否定语句则认为存在内控缺陷；间接证据依据内部控制目标从公司是否存在重大会计差错或财务报告重述，存在贪污、挪用资金等舞弊行为，受到监管部门的违规处罚来获取。发生上述任何一种情况时，判定企业存在内部控制缺陷，筛选内部控制缺陷样本公司。

具体地，一方面，可以从企业对外披露的信息获得，即查阅企业年报、内控自评报告及内部控制审计报告。另一方面，关于违规、舞弊、受到处罚等方面信息可以从巨潮资讯网的上市公司公告，CSMAR 数据库、RESSET 数据库和 Wind 数据库获得。经过筛选，从 2968 个样本观测值中，获得有内控缺陷样本公司 556 个，无内控缺陷样本公司 2412 个，有缺陷样本公司占比 18.7%。

5.4.3 高管权力的度量

Finkelstein（1992）将高管权力具体划分为结构权力、所有制权力、专家权力和声望权力，首次对高管权力进行度量。国内学者权小锋等（2010）和刘星等（2012）借鉴这一思路，将高管权力具体划分成不同的维度，采用主成分分析法和算术平均值法等构造高管权力综合指标。本研究主要度量以 CEO 为代表的高管权力，综合借鉴已有的研究方法，同时考虑到我国国有企业高管持股比例普遍较低甚至零持股，大量民营企业高管通过金字塔的方式间接持股，直接持股数量难以有效衡量其所有者权力；高管学历方面因未公开其学校及专业背景，仅以学历高低的标准难以真实反映其质量的现实。由此，本研究未采用高管持股和高管学历指标，而是采用下述 6 个方面的指标描述高管权力特征，运用主成分分析法构造出高管权力综合指标：

（1）两职兼任。管理者在董事会中所任职位越高，越容易掌控董事会，减弱董事会的监督能力，相应地，高管权力越大。CEO 没有兼任董事取 1，兼任董事取 2，兼任副董事长取 3，兼任董事长取 4；

（2）董事会规模：董事会规模越大，董事会凝聚力相对越差，CEO 对董事会的操纵力越大，因此高管权力越大。若董事会人员数量超过行业中位数取 1，否则取 0；

（3）高管任期：任期越长的高管，越容易在企业内部构筑利益团体，地位越稳固，相应地高管权力越大。高管的任期超过行业中位数时取 1，否则就取 0；

（4）外部兼职：若总经理在其他单位兼职，通常会具有良好的声誉，拥有较多的社会资本，决策影响力较大；若高管在外兼取 1，否则取 0；

（5）股权分散。股权较分散时，股东对高管权力的制约较弱，高管权力增强。用第一大股东持股比例除以第二至第十大股东持股比例总和的结果来度量，若该比值小于 1 取 1，否则取 0；

（6）机构持股：机构投资者可以对公司高管经营决策行为形成约束和监督，能够在一定程度上制约高管权力的运用。相应地，机构投资者持股水平越高，高管行为受到的外部监督和制约就越强，高管权力也就越小。

机构投资者持股比例低于行业中位数取1，否则取0。上述6个指标的测度如表5-2所示。

表5-2 高管权力度量指标

度量指标	指标衡量
两职兼任	CEO不担职务取1，兼任董事取2，兼任副董事长取3，兼任董事长取4
董事会规模	董事会规模超过行业中位数取1，否则取0
任职年限	CEO从任职开始到统计当年底的任职时间
外部兼职	CEO在本企业外有兼职取1，否则取0
股权分散	第一大股东持股比例除以第二至第十大股东持股比例总和的结果，若比值小于1取1，否则取0
机构持股	机构投资者持股比例低于行业中位数取1，否则取0

对于上述6个指标，本研究采用主成分分析法合成高管权力综合指标。主成分分析主要是将相关度比较高的因素分别进行归聚，运用降维方法，降低需要分析变量的数目。由此得到可以代表原始变量特征的公共因子，得到公共因子得分，最后将样本变量综合得分用公共因子得分表示出来，就得到了综合指标得分（Pelled，1996）。

在进行分析前，首先要检验各个因素之间是否具有相关性，采用KMO检验和Bartlett球形检验，结果显示KMO=0.629>0.5，可以进行因子分析，显著性水平为0.000，表明这六个高管权力衡量指标间存在共同因素，因此，有必要且可以进行因子分析。其次，以特征值大于1为标准提取公因子，对上市公司高管两职兼任、董事会规模、任职年限、外部兼职、股权分散和机构持股这六个原始指标，根据提取主成分的基本标准（特征值大于1），提取出了3个主成分F_1、F_2、F_3，具体如表5-3所示，可以看出，第一主成分在两职兼任P_1和董事会规模P_2的权重最大，分别为0.813和0.752，这主要反映了高管组织结构方面的权力（Org_ power），贡献率达36.14%。第二主成分在任职年限P_3和机构持股P_6上的权重较大，分别达到了0.617和0.526，这主要反映了企业高管的声望权力（Ten_ power），贡献率达26.92%。第三主成分在股权分散P_5和机构持股P_6的权重是最大的，分别是0.316和0.547，这些指标主要反映了公司股权结构对于高管的制衡力量，我们称其为所有制权力（Own_ power），其方差贡献率为18.02%，3个主成分的累积方差贡献率是81.08%。

由此，对上述选取的高管权力的6个指标进行主成分分析，提取了3个公因子。以主成分的综合得分合成高管权力指标Power来度量高管权力，Power值越大，表明高管权力越大。

表5-3 因子载荷矩阵及主成分贡献率

高管权力测度指标	主成分因子		
	1	2	3
两职兼任 P_1	0.813	0.019	0.013
董事会规模 P_2	0.752	0.028	0.028
任职年限 P_3	0.024	0.617	0.011
外部兼职 P_4	0.036	0.030	0.004
股权分散 P_5	0.051	0.027	0.316
机构持股 P_6	0.069	0.526	0.547
特征值	2.762	1.937	1.691
方差贡献率%		26.92%	18.02%
方差累计贡献率%	36.14%	63.06%	81.08%

接下来，运用公式 $F_i = b_{i1}X_1 + b_{i2}X_2 + \cdots + b_{ip}X_p$，把公因子用原始变量的线性组合表示出来，式中 b_{ip} 为因子得分系数。具体地，表5-4给出了因子得分系数矩阵。根据表4-4，可得

$F_1(Org\_\ power) = 0.402P_1 + 0.136P_2 + 0.112P_3 + 0.143P_4 + 0.091P_5 + 0.135P_6$

$F_2(Ten\_\ power) = 0.076P_1 + 0.042P_2 + 0.212P_3 + 0.105P_4 + 0.014P_5 + 0.128P_6$

$F_3(Own\_\ power) = 0.033P_1 + 0.136P_2 + 0.213P_3 + 0.023P_4 + 0.313P_5 + 0.207P_6$

表5-4 因子得分系数矩阵

测度指标	F_1(Org_ power)	F_2(Ten_ power)	F_3(Own_ power)
两职兼任 P_1	0.402	0.076	0.033
董事会规模 P_2	0.136	0.042	0.136

续表

测度指标	F_1(Org_ power)	F_2(Ten_ power)	F_3(Own_ power)
任职年限 P_3	0.112	0.212	0.213
外部兼职 P_4	0.143	0.105	0.023
股权分散 P_5	0.091	0.014	0.313
机构持股 P_6	0.135	0.128	0.207

最后，以各公因子的标准化方差贡献率为权重，对这三个公因子加权求和，可得各高管权力的综合得分，即根据下述公式，求出各样本变量的综合得分，由此得出高管权力指标。具体运用公式是 $SF_j = r_{j1} \times F_1 + r_{j2}F_2 + \cdots + r_{jm}F_m$，式中 F_1，F_2，…，F_m表示公共因子得分，r_{it}($t=1, 2, \cdots, m$) 表示公共因子的方差贡献率：

$$Power_i = 0.44573F_1 + 0.33202F_2 + 0.22225F_3 (i = 1, 2, \cdots, 2968)$$

5.4.4 变量定义与模型构建

1. 被解释变量

ICD：内部控制缺陷，用于表示是否存在内部控制缺陷。因关于内控缺陷是属重大缺陷、重要缺陷还是一般缺陷，目前尚不易实际操作进行分类，本研究借鉴已有的研究范式，不从严重性程度方面对内部控制缺陷进行分类，而是以是否存在内部控制缺陷作为替代变量。已有诸多关于内部控制缺陷存在识别方面的研究，如董卉娜等（2012）从上市公司的内部控制自我评价报告中“存在问题”“需进一步完善的措施”等部分是否存在关于内部控制的否定语句来识别，如监事会未有效运作、董事会授权不规范等语句，根据内部控制五要素分类进行识别，如果存在否定语句，则判定上市公司存在内部控制缺陷。齐保垒等（2010）将上市公司存在财务报告重大差错的情况，作为内部控制缺陷存在的识别标准。刘彬等（2014）从上市公司对外披露的内控自评报告、内控审计报告、财务报告审计意见及上市公司年报等信息披露情况，及上市公司是否受到证券监管机构的处罚等情况进行识别。

考虑到目前企业内控缺陷信息披露方面，存在上市公司隐瞒负面信息的情况，仅以是否披露内部控制缺陷信息来判定内部控制缺陷的存在，可能不够全面。本研究借鉴刘焱等（2014）判定企业内部控制存在缺陷的方法，依据内部控制目标，从显现企业存在内控缺陷的迹象入手，通过获取存在内部控制缺陷的直接证据和间接证据，来识别企业是否存在内部控制缺陷。直接证据从公司内控自我评价报告和内控鉴证报告的审计结论来获取，若以上存在关于公司治理或内部控制的否定语句则认为存在内控缺陷；间接证据依据内部控制目标从公司是否存在重大会计差错或财务报告重述，存在贪污、挪用资金等舞弊行为，受到监管部门的违规处罚来获取。具体地，若公司发生以下任一种或几种情况，认为内部控制存在缺陷，ICD 取 1，否则为 0：①年报被出具除无保留意见以外的其他审计意见的审计报告；②内控自评报告或内控鉴证报告中有公司治理或内控方面的否定语句；③发布会计差错更正声明；④违规受到证监会处罚。

2. 解释变量

Indep：董事会独立性，用企业独立董事的占比表示。

Stab：董事会稳定性，借鉴杨清香等（2009）、冯慧群等（2013）研究董事会稳定性中采用的方法，以董事会平稳指数衡量董事会的稳定性。

$$Stab_{ji}=\frac{N_j-\#(S_j/S_i)}{N_j}\times\frac{N_i}{N_j+N_i}+\frac{N_i-\#(S_i/S_j)}{N_i}\times\frac{N_j}{N_j+N_i}(j<i)$$

上式中，$Stab_{ji}$ 表示时点 j 与时点 i 这一时间跨度内的董事会稳定性，N_j 表示在 j 时点的董事会成员数，同样地，N_i 则是 i 时点的成员数量，而 # (S_j/S_i) 表示在 j 时点是董事会成员，但在 i 时点不是董事会成员。# (S_i/S_j) 则是在 i 时点是董事会成员，而 j 时点不是。$Stab_{ji}$ 指数值介于 0～1 之间，$Stab_{ji}$ 数值越大，表明董事会的稳定性越高。

Herfin：董事会异质性，用 Herfindahl 指数（$H=\sum P_i^2$）来表示。由于团队成员的职业经历可以作为测度团队异质性的指标 [193]，同时借鉴 Hillman 等（2000）对董事任职的分类方法，将董事分为管理型、专家型和社会影响型 3 类。P_i 指董事会中第 i 类成员的占比，H 值介于 0～1 之间，H 值越大，董事会团队异质性越高。

Time：董事会审计委员会存续时间，至统计当年末审计委员会存在的时间。

Power：高管权力，用主成分分析法合成的高管权力指标表示。

3. 控制变量

控制变量主要选取公司规模（Size）以期末总资产的自然对数来衡量，小企业资源有限，投入内控建设的人力和财力相对较少，内部控制较容易存在缺陷。

并购重组（Merg），以企业当年是否发生并购事项来衡量，若发生了重组事项，则相应的财务方面的风险会增大，容易导致内部控制缺陷。公司成长性（Growth），公司成长性越显著，面对兼并等组织成长变化时，越容易出现内部控制问题。审计委员会专业性（ACfin），以审计委员会中会计及财务专家所占比重衡量，具有财会知识背景的审计委员会成员，更易做出专业判断，促进提高内部控制质量。上市年数（Age），上市时间比较长的上市公司，内部控制建设时间相对比较长，相应比较完善，不易存在内部控制缺陷。此外，还设置了年度（Year）和行业（Indu）虚拟变量，控制年度和行业影响。具体变量定义见表 5－5。

表 5－5 变量定义

变量类型	变量名称	变量符号	变量定义及说明
被解释变量	内部控制缺陷	ICD	若公司发生以下任一种或几种情况，认为内部控制存在缺陷取 1，否则为 0：①年报被出具保留、否定或者无法表示意见的结论；②内控自评报告或内控鉴证报告中有公司治理或内部控制方面的否定语句；③发布会计差错更正声明；④违规受到证监会处罚
解释变量	高管权力	Power	主成分分析法合成的高管权力指标
	董事会独立性	Indep	董事会中独立董事所占比例
	董事会稳定性	Stab	董事会平稳指数的数值
	董事会异质性	Herfin	将董事分为管理型、专家型和社会影响型 3 类，用 Herfindahl 指数（$H=\sum Pi^2$）来表示
	董事会审计委员会存续时间	Time	至统计当年末审计委员会存在的时间

续表

变量类型	变量名称	变量符号	变量定义及说明
控制变量	公司规模	Size	取期末总资产的自然对数
	并购重组	Merger	有并购事项取 1，否则取 0
	公司成长性	Growth	公司年营业收入的增长率
	审计委员会专业性	ACfin	审计委员会中会计及财务专家所占比重
	上市年数	Age	截至统计当年公司上市的年数
	年度	Year	虚拟变量
	行业	Industry	虚拟变量

4. 模型构建

为了检验董事会特征对内部控制缺陷的影响，构建 Logistic 模型（5－1）。

$$Ln[ICD/(1-ICD)] = \alpha_0 + \alpha_1 Indep + \alpha_2 Stab + \alpha_3 Herfin + \alpha_4 Time + \alpha_5 Size + \alpha_6 Merger + \alpha_7 Growth + \alpha_8 Acfin + \alpha_9 Age + \alpha_{10} Year + \alpha_{11} Industry + \varepsilon \quad (5-1)$$

检验高管权力作用下董事会特征对内部控制缺陷的影响，加入高管权力与各董事会特征变量的交互项，构建模型（5－2）。

$$Ln[ICD/(1-ICD)] = \alpha_0 + \alpha_1 Indep + \alpha_2 Stab + \alpha_3 Herfin + \alpha_4 Time + \alpha_5 Power + \alpha_6 Power * Indep + \alpha_7 Power * Stab + \alpha_8 Power * Herfin + \alpha_9 Power * Time + \alpha_{10} Size + \alpha_{11} Merger \ \alpha_{12} Growth + \alpha_{13} Acfin + \alpha_{14} Age + \alpha_{15} Year + \alpha_{16} Industry + \varepsilon \quad (5-2)$$

5.5 实证结果

5.5.1 描述性统计与组间比较结果

表 5－6 是变量的描述性统计与组间比较结果。以是否存在内部控制缺陷为标准，将 2968 家样本公司划分为有内控缺陷组与无内控缺陷组 2 组，其中内控缺陷组公司为 556 家，占比约为 18.7%。结果显示，高管权力

Power、董事会稳定性 Stab、董事会异质性 Herfin 和董事会审计委员会存续时间 Time 在两组样本公司间差异较大，而董事会独立性 Indep 的均值在两组分样本中分别为 0.314 和 0.338，而证监会发布关于独立董事设立的标准文件中规定独立董事比例为 1/3，这两个数据均与 1/3 较接近，董事会独立性的均值差异不明显。

表 5-6 描述性统计与差异检验

变量	ICD = 1 (N = 556)			ICD = 0 (N = 2412)		
	Mean	Median	S. D	Mean	Median	S. D
Indep	0.314	0.337	0.192	0.338	0.347	1.899
Stab	0.602	0.583	1.846	0.643	0.635	1.173
Herfin	0.348	0.263	2.353	0.537	0.416	1.076
Time	2.233	1.631	3.431	3.073	3.126	1.435
Power	0.641	1	0.575	0.436	0	2.107
Size	18.581	17.523	1.426	19.214	18.032	1.475
Merger	0.472	0.512	1.663	0.313	0.287	0.513
Growth	0.252	0.184	1.271	0.209	0.135	1.472
ACfin	0.344	0.337	0.691	0.391	0.321	0.674
Age	12.032	13	2.471	10.095	9	3.571

注：*、**和***分别表示在 0.1、0.05 和 0.01 的水平上双尾检验显著，下同。

5.5.2 变量间相关性分析

表5-7 是主要变量的 Pearson 相关系数表。从相关系数矩阵可以看出，除 Age 外，解释变量 Power 与各个控制变量与被解释变量 ICD 之间的关系都与预测相一致，且变量 Stab、Herfin、Time 与 ICD 的关系都在不同水平上显著，解释变量董事会独立性 Indep 虽与 ICD 负相关，但不显著，与预期不符，这与描述性统计分析中两组分样本间董事会独立性的差异不明显的结果相一致。且各变量之间的相关系数均小于 0.5，表明变量间不存在严重的多重共线性问题，可以进行回归分析。

表 5-7 变量 Pearson 相关系数

变量	ICD	Power	Indep	Stab	Herfin	Time	Size	Merger	Growth	ACfin	Age
ICD	1										
Power	.056**	1									
Indep	-.032	-.031	1								
Stab	-.052**	-.062**	.033	1							
Herfin	-.041**	-.035**	.207	.004	1						
Time	-.013*	-.219	.077	.032	.011	1					
Size	-.032**	-.034**	.022	.043**	.063**	.052**	1				
Merger	.061**	.044**	-.025	-.031	-.027	-.007	-.051**	1			
Growth	.067**	.107	-.071**	-.056	-.043	-.011	-.151**	.055	1		
ACfin	-.082**	-.152**	.005	.037	.065**	.154**	.071**	-.031**	-.042	1	
Age	.135	.091	-.105	-.072	-.071	-.037	-.053	.061	.061	-.041	1

5.5.3 单变量分析结果

本章主要从高管权力角度，检验高管权力对董事会履职的干预作用，以高管权力综合指标的中位数为标准划分样本组，对高管权力较高和较低两组子样本的董事会特征变量和内部控制缺陷变量进行单变量分析。

表5-8 单变量分析检验结果

变量	Power	样本数	均值	标准差	T值（P值）
Indep	0	2412	0.335	0.867	-3.752
	1	556	0.309	0.529	(0.131)
Stab	0	2412	0.613	1.274	-1.159***
	1	556	0.510	2.634	(0.000)
Herfin	0	2412	0.496	2.625	-3.422**
	1	556	0.382	4.025	(0.044)
Time	0	2412	3.096	1.211	-4.021**
	1	556	2.181	0.744	(0.032)
ICD	0	2412	0.392	0.328	2.122*
	1	556	0.603	0.559	(0.071)

注：高管权力为0时表示高管权力较低，高管权力为1时表示高管权力较高。

由表5-8可知，在高管权力较高的样本组中，董事会稳定性的均值为0.510，显著低于高管权力较低样本组中董事会稳定性的均值0.613，董事会异质性的均值0.381显著低于高管权力较低样本组的均值0.496，董事会审计委员会存续时间的均值2.181低于高管权力较低样本的均值3.096，但两组样本的董事会独立性差别不明显。这表明高管权力的增大会减弱董事会的稳定性与异质性，因董事会独立性在各样本公司中均与1/3较接近，因此高管权力对其的影响也不明显。高管权力较高样本组中，内部控制缺陷的均值为0.603，显著高于权力较低样本组的均值0.392，表明除董事会独立性在两组样本之间差别不明显外，两组样本间董事会稳定性、董事会异质性及内部控制缺陷均在不同程度上有显著差异。

5.5.4 董事会特征对内部控制缺陷影响的回归结果

为了更好地检验董事会特征对内部控制缺陷的影响，先分别单独将董事会特征的4个变量Indep、Stab、Herfin和Time引入模型（5-1），再一次全部将这些变量引入模型（5-1）进行检验。表5-9是模型（5-1）的主要回归结果。

模型（5-1）的结果显示：①董事会独立性与内部控制缺陷负相关，但影响不显著，假设H1未得到验证。原因可能在于上市公司多是按证监会发布的独立董事建立标准1/3来设立独立董事，各公司间董事会独立性差别不大，因此对内部控制缺陷的影响就不显著，意味着企业主动提高董事会独立性的动力不足；②董事会稳定性与内部控制缺陷在10%水平上显著负相关，表明董事会稳定性越高，越会增强其对高管的监督治理能力，内部控制缺陷存在的可能性越小，支持假设H2；③董事会异质性对内部控制缺陷的影响在10%水平上显著负相关，表明董事会成员在职业经历、教育等方面差异越大，越能提高其决策治理效率，降低内部控制缺陷存在的可能性，假设H3得到验证；④董事会审计委员会存续时间对内部控制缺陷有显著的负向影响，意味着董事会审计委员会设立时间越长，越能够发挥较好的监督作用，支持假设H4。将各董事会特征变量一次全部引入模型1所得结果与单独引入模型的结果相比，这些变量的显著性水平无变化，充分验证了上述结论。

表5-9 董事会特征对内部控制缺陷的影响

变量名称	模型5-1-1	模型5-1-2	模型5-1-3	模型5-1-4	模型5-1-5
Indep	-0.049 (-5.139)				-0.027 (-1.353)
Stab		-0.007* (-2.252)			-0.049* (-1.752)
Herfin			-0.002* (-2.053)		-0.007* (-3.503)
Time				-0.050* (-2.409)	-0.025* (-1.204)

续表

变量名称	模型5-1-1	模型5-1-2	模型5-1-3	模型5-1-4	模型5-1-5
Size	-1.015* (-1.021)	-0.373* (-1.214)	-0.027* (-3.522)	-0.322* (-1.032)	-0.004* (-1.704)
Merger	0.273* (3.263)	0.353* (1.105)	0.027* (6.271)	0.091* (1.022)	0.009* (5.641)
Growth	0.038 (1.215)	0.025 (1.225)	0.019 (0.271)	0.048 (2.216)	0.010 (0.502)
Acfin	-0.023** (-5.033)	-0.023** (-1.031)	-0.014** (-2.512)	-0.068** (-1.325)	-0.013** (-5.023)
Age	0.047 (1.351)	0.016 (3.332)	0.032 (1.275)	0.019 (1.507)	0.029 (2.250)
Year	控制	控制	控制	控制	控制
Industry	控制	控制	控制	控制	控制
N	2968	2968	2968	2968	2968
NagelkerkeR^2	0.561	0.582	0.626	0.613	0.602

控制变量方面，并购重组（Merger）与内部控制缺陷显著正相关，公司规模（Size）和审计委员会专业性（ACfin）分别与内部控制缺陷显著负相关，而上市年数（Age）的系数为正，与预期不符，原因可能是早期内控建设监管法规不健全，上市时间越长的公司，如果开展内部控制建设方面的改革，可能会遇到较多障碍，相应地，内控缺陷存在的可能性也会增大。

5.5.5 高管权力、董事会特征对内部控制缺陷影响的回归结果

表5-10是模型（5-2）的回归结果，在模型（5-1）的基础上加入高管权力与董事会特征变量的交互项，以检验高管权力对董事会特征与内部控制缺陷之间关系的影响。

模型（5-2）的结果显示：①高管权力与董事会独立性交叉项 Indep * Power 的系数统计上不显著，原因在于董事会独立性对内部控制缺陷的影响不显著，相应地，高管权力作用对于董事会独立性与内部控制缺陷存在之间关系的影响也不显著。高管权力与董事会稳定性交叉项 Stab * Power 的系数、高管权力与董事会异质性交叉项 Herfin * Power 的系数、高管权力

与董事会审计委员会存续时间的交叉项 Time * Power 的系数分别在 10% 水平上显著为负。这些结果表明，高管权力较大时，更容易干涉董事会履职，减弱董事会特征对内部控制缺陷存在可能性的降低作用，支持假设 H5；②高管权力与内部控制缺陷在 10% 水平上显著正相关，表明高管权力较大时，可能会发生企业高管凌驾于内部控制的情形，使得企业内控失效，影响内部控制质量，导致内部控制缺陷存在的可能性增大，进一步支持假设 H5。

表 5-10　高管权力下董事会特征对内部控制缺陷的影响

变量名称	模型 5-2-1	模型 5-2-2	模型 5-2-3	模型 5-2-4	模型 5-2-5
Indep	-0.028 (-4.312)				-0.013 (-2.127)
Indep * Power	-0.003 (-1.631)				-0.002 (-3.239)
Stab		-0.010* (-3.215)			-0.001* (-2.137)
Stab * Power		-0.003* (-1.363)			-0.002* (-2.123)
Herfin			-0.044* (-2.722)		-0.035* (-3.257)
Herfin * Power			-0.023* (-2.915)		-0.004* (-4.372)
Time				-0.031* (-2.171)	-0.026* (-1.431)
Time * Power				-0.013* (-3.135)	-0.005* (-1.373)
Power	0.010* (3.517)	0.004* (4.521)	0.007* (2.131)	0.005* (1.265)	0.005* (2.351)
Size	-0.020* (-2.151)	-0.017* (-1.342)	-0.015* (-1.522)	-0.251* (-2.015)	-0.026* (-2.631)
Merger	0.043* (1.331)	0.031* (2.201)	0.007* (1.522)	0.047* (1.370)	0.010* (2.436)
Growth	0.051 (1.352)	0.037 (1.046)	0.021 (1.131)	0.050 (1.450)	0.017 (1.671)

续表

变量名称	模型5-2-1	模型5-2-2	模型5-2-3	模型5-2-4	模型5-2-5
Acfin	-0.020** (-3.132)	-0.016** (-1.231)	-0.007** (-4.337)	-0.052** (-3.112)	-0.008** (-3.458)
Age	0.023 (2.521)	0.016 (1.641)	0.019 (1.674)	0.040 (2.535)	0.007 (1.292)
Year、Industry	控制	控制	控制	控制	控制
N	2968	2968	2968	2968	2968
NagelkerkeR^2	0.528	0.571	0.592	0.613	0.607

5.5.6 稳健性检验

做如下稳健性检验：①对于模型（5-1）检验董事会特征变量如何影响内部控制缺陷时，关于董事会特征变量，采用以行业均值为标准，设置虚拟变量的方法进行衡量；②考虑到董事会特征变量对企业内部控制缺陷的影响可能存在滞后性，采用滞后期的董事会特征变量引入模型，研究样本区间是2009—2013，回归样本区间为2006—2013，构建滞后变量模型进行回归检验；③考虑到董事会特征与内部控制缺陷存在可能性二者之间可能会存在内生性问题，采用Heckman两阶段法进行修正，将第一阶段计算出的IMR代入原回归模型，进行第二阶段的检验；④但对于模型(5-2)，检验高管权力、董事会特征对内部控制缺陷的影响，以高管权力指标的行业中位数为标准，将全样本分为高管集权组与非高管集权组2组，分别对模型（5-1）进行回归，以检验高管权力的影响效果，检验结果如表5-11所示。

表5-11 高管权力的分组检验结果

变量名称	高管集权组		非高管集权组	
	系数	T值	系数	T值
Indep	-0.002	-3.171	-0.005	-1.665
Stab	-0.004	-2.710*	-0.011	-2.405*
Herfin	-0.018	-16.415*	-0.027	-21.613*
Time	-0.052	-5.692*	-0.811	-3.925*

续表

变量名称	高管集权组		非高管集权组	
	系数	T 值	系数	T 值
Size	-0.053	-6.533*	-0.049	-4.271*
Merger	0.072*	2.852*	0.036*	4.848*
Growth	0.029	4.458	0.071	2.108
Acfin	-0.025	-4.452**	-0.022	-2.521**
Age	0.007	3.357	0.008	5.715
Growth	0.005	5.129	0.023	2.527
Year	控制	控制	控制	控制
Industry	控制	控制	控制	控制
N	2968	2968	2968	2968
NagelkerkeR^2	0.572	0.566	0.548	0.558

从表 5-11 的回归结果可以看出，两组样本中，董事会特征变量的系数符号与预期一致，验证了董事会特征变量在内部控制中的治理功能。在高管集权组样本中，董事会独立性 Indep 的回归系数为负，绝对值是 0.002，虽小于非高管集权组中 Indep 的系数绝对值 0.005，但对内部控制缺陷的影响均不显著；董事会稳定性 Stab、董事会异质性 Herfin 和董事会审计委员会存续时间 Time 对内部控制缺陷有显著的负向影响，且在高管集权组中，这 3 个变量的系数绝对值分别小于非高管集权组中相应变量的系数绝对值，表明高管权力的增大削弱了董事会的监督治理能力，与前文的检验结果无实质性差异。

5.6 本章小结

本章以 2009—2013 年 A 股上市公司为研究样本，选取董事会特征的 4 方面——董事会独立性、稳定性、异质性及董事会审计委员会存续时间，研究董事会特征对内部控制缺陷的影响，并通过构造高管权力综合指标，研究高管权力作用下董事会特征对内部控制缺陷的影响。通过实证检验得出以下结论：第一，董事会独立性对内部控制缺陷影响不显著，董事会稳定性、董事会异质性和董事会审计委员会存续时间对内部控制缺陷有显著负影响；第二，高管权力增大会削弱董事会的治理能力，减弱董事会治理对内部控制缺陷存在可能性的降低作用。本章基于高管权力增大影响董事会治理能力的视角，分析了高管权力和董事会特征变量共同影响内部控制缺陷的作用机理，并进行了实证检验，研究结果为指导企业降低内部控制缺陷发生率的实践提供了经验证据。由此得到启示：①应鼓励企业提高独立董事的比例，增强企业设立独立董事的主动性；②多配置有不同经验、技能、职业经历的董事会成员，逐步完善有关审计委员会设立、履职的规章制度，以提高董事会监督决策质量；③优化高管权力的配置结构，合理制约高管权力，降低高管干预董事会履职的程度。以此减小上市公司内部控制缺陷存在的可能性。

第 6 章

高管权力、审计监督特征与内部控制缺陷

6.1 引言

内部审计、外部审计、董事会及高层管理者被看作是现代公司治理结构的“四大基石”，公司治理中的审计监督机制主要由内部审计机制与外部审计机制组成，其中，内部审计机制主要是指内部审计机构。内部审计机构在内部控制执行过程中发挥监督、评价及咨询功能，是确保组织受托责任有效履行的重要手段。而外部审计监督作为一种重要的外部监督和约束机制，可以有效缓解公司的信息不对称，限制经理人的机会主义行为，同时外部审计作为内部控制的鉴证主体，是提高内部控制有效性的重要制度安排（Amy J 等 2000）。鉴于此，本章综合考虑内部审计监督和外部审计监督构成的审计监督机制，从内部审计和外部审计 2 个方面，研究审计监督特征对内部控制缺陷存在可能性的影响。同时，基于高管权力视角，分析企业高管对审计监督特征的影响，检验高管权力对审计监督特征与内部控制缺陷之间关系的调节作用。

6.2 相关文献回顾

审计的主要目的是改善现代企业中委托代理关系引致的受托责任履行状况，如果这种关系中存在相互之间的不信任，那么审计就可以通过开展相应的审计业务促进受托人较好地努力履职（Schneider 等，1982）。

关于内部审计方面，瞿曲（2006）研究发现，在企业受托责任观下，内部审计可以增强企业财务信息与非财务信息的可靠性，降低委托人与受托人之间的信息不对称，以确保契约的良好签订与执行。程新生等（2007）研究认为，企业审计委员会和内部审计机构组成企业的内部审计机制，通过建立模型检验了内部审计对企业财务控制的影响。结果表明，内部审计监督制度的实施可以有效改善公司的财务控制状况。Bookal（2002）研究发现，内部审计部门对企业风险和控制的关注，是企业保持良好的治理程序与财务报告的重要保障。Gramling 等（2004）指出，内部审计部门是负责治理的董事会、管理层及外部审计这 3 大主体可以依赖的一种极具价值的资源。内部审计质量越高，内部审计机构与其他 3 个主体之间的协同治理作用发挥得越好。郭慧（2009）在研究内部审计的治理效应时发现，董事会、审计委员会、高管层等治理组织结构会影响内部审计治理效应的实现，进一步地，内部审计治理质量的提高有助于抑制企业盈余管理程度，进而改善企业绩效。郑伟等（2014）研究发现，以内部审计客观性、专业胜任能力和内部审计部门规模衡量的内部审计质量越高，控制活动有效性越好。

外部审计通过开展鉴证业务，可以减少委托人与受托人之间的信息不对称，能够在一定程度上缓解委托人与代理人之间的代理冲突，是公司治理机制的重要组成部分。刘成立（2012）实证检验了外部审计治理对企业债务期限结构选择的影响，结果发现，聘请 4 大会计师事务所审计、外部审计意见类型为标准无保留意见的上市公司，更容易获得长期债务，这在一定程度上说明外部审计发挥了公司治理功能，保护了债权人的利益。

关于外部审计治理效应方面，Datar（1991）研究发现，聘请较高质量会计师事务所的上市公司，当首次发行股票时可以获得较高的市场溢价，可以看出外部审计具有信号价值，能够将高质量企业与低质量企业区分开，由此发挥公司治理的作用。刘菲（2012）研究发现，外部审计质量与真实盈余管理间呈负相关关系，这表明高质量审计能够抑制上市公司的真实盈余管理。但因审计监督机制会对管理层行为形成监督和制约，当高管权力较大时，出于自利等动机，高管可能会运用权力影响审计监督治理效力。如况学文等（2011）研究发现，董事会性别的多元化会促进上市公司进行高质量的外部审计，而这种关系仅在高管权力较弱的情形下表现明显，当高管权力较强时，会弱化董事会性别多元化与高质量外部审计之间的正向关系。代彬等（2011）以2004—2008年的国有上市公司为研究样本，得出高质量的外部审计能够提高公司的会计信息透明度，揭示了独立审计在公司治理中发挥了应有的监督作用，高管权力增大，能够减弱外部审计对会计信息的正面影响。刘焱等（2014）以2009—2012年沪市A股非金融类上市公司为研究样本，实证检验了高管权力是否会干预审计委员会专业性对内部控制的监控效力，随着高管权力的增加，审计委员会专业性在内部控制实施中发挥的监督治理作用将被弱化。

6.3 理论分析与假设提出

6.3.1 审计监督特征与内部控制缺陷

内部审计被看作是帮助改善治理环境，协助支持重要治理程序的职业团体，其对内部控制执行状况的评估有利于董事会、审计委员会履行监督治理职责（Bailey等，2006）。在企业内部控制运行中，内部审计人员通过分析评价相关制度能够对内部控制制度的健全性做出评价，通过定期的专业检查能够及时对内控执行中存在的不足进行改进，向审计委员会及外部审计师这两大审计监督机构，提供企业重大错报或漏报方面的风险评估结果，及实质性测试取得的审计成果，便于外部审计师合理安排审计工作，提高外部审计质量；协助企业管理层进行内部控制评价，提出有价值的改进建议，能够促进企业完善内部控制，减少公司经营不确定性带来的风险，提高风险防范能力（罗明琦、赵环，2014）。Goodwin等（2006）研究发现，内部审计能够发挥报告和组织支持作用，利用外审程序来协助管理层建立有效的内控程序，促进内部控制系统的完善。Brown等（2007）研究发现，高质量的内部审计，可以降低企业盈余管理程度。Doyle等（2007）研究发现，较高的内部审计质量可以有效预防财务报告违规行为。由此，内部审计质量的提高，会促进内部控制目标的达成。且充足的内审人员配置是内部审计部门有效履职的保证。同时，关于内部审计师的专业胜任能力方面，Prawitt等（2009）以内审人员接受专业培训的时间、持有专业资格证书的比例及内审人员的执业时长3个指标衡量内审人员的专业胜任能力。但我国上市公司的相关信息不易获得，基于数据可得性的考虑，本研究从内部审计独立性和内审人员规模两方面分析内部审计对内部控制缺陷存在可能性的影响。

独立客观的内部审计师能够对公司不适当的会计政策和内部控制程序提出质疑，其独立性越强，越不易被管理层“俘虏”。我国上市公司内部审计存在2种隶属模式，一种是内部审计部门隶属于经理层，另一种是内审部门隶属于董事会或监事会。前者隶属模式下的内审部门可能会受到管理层的干预，内部审计的独立性较差，而后者的独立性和权威性较高，内审部门可以将有关企业内部控制执行中的漏洞和缺陷信息直接报告给董事会或监事会，确保内部审计工作不受干扰，从而可以更好地监督和改进内部控制的实施。

李曼（2014）基于审计学和组织行为学等相关理论，通过对企业内审人员进行问卷调查发现，高管态度是影响内部审计行为的主要因素。如果高管充分认识到内部审计在内部控制实施中的重要性，就会为内审部门开展工作提供充分的人力资源、物质资源保障，能够更具备能力发挥其监督、评价和咨询功能，为内部控制的有效实施提供保障。耿建新等（2006）、王守海等（2010）研究发现内审部门规模越大，内部审计所具有的监控能力越强，越能够有效抑制高管偏差或机会主义行为，提高企业财务报告质量。由此提出假设：

H1a：内部审计部门独立性越强，企业内部控制缺陷存在的可能性越小。

H1b：内部审计部门规模越大，企业内部控制缺陷存在的可能性越小。

外部审计监督是重要的公司治理机制之一，高质量的外部审计能够约束经理人的自利行为，降低其道德风险和逆向选择（刘菲，2012）。Krishnan 等（2007）指出内部控制与外部审计二者存在替代效应，表明外部审计师可以通过运用专业技术对内部控制运行进行监督和测试，并且根据声誉理论与“深口袋”理论，研究发现品牌较高、规模较大的会计师事务所，具有较强的独立性和专业性，有更强的监督约束能力，可以提供较高质量的审计服务。Rice 等（2012）研究发现，出于维护事务所的声誉资本的考虑，当审计监督发现问题时，对审计质量要求较高的会计师事务所会与上市公司高管进行积极沟通，以促进其改正缺陷。Basu 等（2000）认为，如果会计师事务所审计的客户被监管部门查处，则会计师事务所将面临较大的声誉损失等风险，因此，为了规避由此带来的监管风险，会计师事务所将会投入较多专业技术能力强的审计人员，检测发现并报告内部控制的问题，对企业内部控制各环节存在的缺陷进行测试和评价，并提出较好的改善缺陷的方案。此外，Jiang（2010）研究发现，对审计质量要求较高的会计师事务所，通常是规模较大的事务所，他们更注重诉讼风险，违规后被处罚的成本较高，相应其审计意见购买成本也较高，出于降低诉讼风险的考虑，这些事务所会更客观地识别出内部控制缺陷并提出修正建议。

2010 年颁布的《企业内部控制配套指引》要求自 2011 年起，在境内外同时上市的公司需要进行内控审计，自 2012 年起，进行内部控制审计的公司范围扩大到国内主板上市公司。张龙平等（2010）研究发现，在控制了公司管理层信号传递动机后，上市公司进行内部控制鉴证可以显著降低操纵性应计项，提会计盈余质量。雷英等（2013）以 2010 年和 2011 年两年的沪市 A 股上市公司为研究对象，实证检验得出内控审计可以提高企业盈余质量。相对于财务报表审计，内部控制审计可以促使审计师扩大测试范围，增强其查错防弊能力，有助于发现企业内部控制设计与执行过程中的重大缺陷，防止和减少舞弊行为的发生，促使企业完善内部控制，降低内部控制缺陷存在的可能性。由此提出如下假设：

H2a：注册会计师审计质量越高，内部控制缺陷存在的可能性越小。

H2b：实施内部控制审计的上市公司，内部控制缺陷存在的可能性较小。

6.3.2 高管权力、审计监督特征对内部控制缺陷的影响

在激励不相容和信息不对称的情况下，由理性经济人自利假设，管理层存在以权谋私的机会主义动机。随着高管权力的增强，为了最大化自身效用，可能会出现高管的决策行为偏离股东利益的情形，如构建“帝国大厦”、自定薪酬和在职消费等。而有效的内部审计、审计委员会和外部审

计监督会制约、阻止这些不正当行为的发生。因此，当高管权力较大时，就有动机和能力来限制这种审计监督，尤其是当审计监督可能揭示高管对企业资源的无效利用或滥用时。高管会通过权力影响审计监督功能的发挥，减弱审计监督对内部控制的积极监控。

如果内部审计部门和外部注册会计师被高管俘虏，相应地，审计监督的治理作用便会削弱。若内审部门直接隶属于管理层，当高管权力增大时，可能会出现高管俘虏内部审计人员，与内审合谋的情形（刘焱、姚海鑫，2014）。若内审部门隶属于董事会、审计委员会或监事会，Arrow（1962）和 Hermalin 等（1998）研究发现，权力较大的高管可能会通过控制企业的关键资源，减弱董事会的治理效力，降低董事会监督效率。而监事会成员几乎都是从公司内部提拔，其收入和职位基本上都是由管理层决定，更难以保持独立性。相应地，隶属于董事会或监事会之下的内部审计部门的监督治理作用也会被削弱。

关于高管权力对外部审计的影响，张敏（2010）指出，现行的审计委托代理关系是企业代理人负责选择审计师并向其支付审计费用，这使得企业高管在客观上拥有了影响审计师的能力，审计师有了被胁迫和收买的基础。且在内部控制运行过程中，高管可能会存在盈余管理和对外披露虚假信息等自利的机会主义行为，如果这些行为被外部审计师发现而获得非标准审计意见，就会产生受到处罚和更换、职务升迁受影响等严重后果。因此，高管具有影响外部审计师选择的动机和条件，权力较大的高管可以通过变更审计师或支付异常审计费用来影响审计师独立、客观地履行监督职能。张阳等（2007）研究发现，因实际的审计委托代理关系安排，即使是审计委员会的设立也不能有效消除审计师的独立性威胁，并不能使审计师免于因出具企业不满意的审计意见而被解聘的结果。罗明琦等（2014）研究发现，高管权力较大时会影响外部审计师选择，即高管权力越大，越倾向于聘任审计质量较低的会计师事务所，越愿意为之支付较高的审计费用，相应地企业越不易被出具较严厉的审计意见。由此提出假设：

H3：高管权力越大，越能够削弱审计监督的治理效力，抑制内部审计及外部审计对内部控制缺陷的降低作用。

6.4 研究设计

6.4.1 研究样本与数据来源

以2009—2013年沪、深两市A股上市公司为研究样本，剔除：CEO当年发生变动的样本公司、金融类样本公司，高管权力、审计监督及内部控制缺陷等关键数据缺失的上市公司。最终得到2375家样本公司，其中存在内部控制缺陷的公司420家，不存在内部控制缺陷的公司1955家。数据主要来源于：CSMAR数据库、RESSET数据库、Wind数据库及巨潮资讯网。

6.4.2 模型设计与变量定义

为了检验审计监督特征对内部控制缺陷的影响，我们构建模型(6-1)。

$$Ln\left[ICD/(1-ICD)\right] = \alpha_0 + \alpha_1 Explain_{it} + \alpha_2 control_{it} + \varepsilon_{it} \quad (6-1)$$

其中，$Explain_{it}$表示解释变量，主要是审计监督特征变量，包括内部审计独立性、内审部门规模、注册会计师审计质量和内部控制审计；$Control_{it}$表示各控制变量，ε_{it}为随机干扰项，下同。

检验高管权力作用下审计监督特征对内部控制缺陷的影响，构建模型(6-2)。

$$Ln\left[ICD/(1-ICD)\right] = \alpha_0 + \alpha_1 Explain_{it} + \alpha_2 Power_{it} + \alpha_3 Explain_{it} \times Power_{it} + \alpha_3 Control_{it} + \varepsilon_{it} \quad (6-2)$$

上述模型中变量定义如下：

1. 被解释变量

ICD：内部控制缺陷，具体度量方法参见前文“5.4研究设计”中的相关表述。

2. 解释变量

IAindep：内部审计独立性，如果内部审计隶属于董事会或者监事会，则 IAindep 赋值为 1，否则 IAindep 赋值为 0。

IAsize：内部审计部门的规模，指内部审计部门的人数。

Qaudit：注册会计师审计质量，本研究借鉴宋衍蘅等（2012）和赵渊贤等（2014）的研究中衡量外部审计质量的方法，以式（6－3）来衡量：

$$\Delta WC_{i,t} = \beta_0 + \beta_1 CFO_{i,t-1} + \beta_2 CFO_{i,t} + \beta_3 CFO_{i,t+1} + \beta_4 \Delta REC_{i,t} + \beta_5 PPE_{i,t} + \varepsilon_{i,t} \quad (6-3)$$

式中，$\Delta WC_{i,t}$表示企业的流动性应计项目＝Δ存货＋Δ应收账款－Δ应付账款，CFO 表示经营活动现金流，$\Delta REC_{i,t}$表示企业当年营业收入的变动，$PPE_{i,t}$表示当年的固定资产净值，$\varepsilon_{i,t}$是残差，表示流动性应计项目不能转变为经营现金流的程度，以此反映企业的盈余管理程度。此外，为避免规模效应的影响，把等式两边都除以企业年度总资产。本章研究样本的时间区间是 2009—2013 年，则式（6－3）的回归样本时间区间是 2005—2013 年，由此计算所得$\varepsilon_{i,t}$的值越大，意味着企业盈余管理程度越大，相应地，会计信息质量较低，注册会计师审计质量较差。反之，则注册会计师审计质量较高。为了便于研究分析，将 Qaudit 用ε方差的倒数来替代。

ICA：内部控制审计，若上市公司披露内部控制鉴证报告，ICA 取 1，否则为 0。

Power：高管权力，具体度量方法参见前文“5.4 研究设计”的相关表述。

3. 控制变量

控制变量主要选取公司规模（Size），以期末总资产的自然对数来衡量，小企业资源有限，投入内控建设的人力和财力相对较少，内部控制较容易存在缺陷；并购重组（Merg），以企业当年是否发生并购来衡量，如果发生重组事项会增大企业财务核算风险，内控缺陷发生率会增加；公司成长性（Growth），以年度营业收入增长率来衡量，成长性高带来营业收入的较快增长，会计核算风险增加，内部控制缺陷存在的可能性增大；审计委员会专业性（ACfin），用审计委员会成员中财会专家的占比来衡量，具有财会知识背景的审计委员会成员更易做出专业判断，促进提高内部控制质量；上市年数（Age），企业上市时间的长短会影响到内控系统的建立，时间较长情况下，比较利于内控的健全，内部控制存在缺陷的可能性越小。此外，还设置了年度（Year）和行业（Indu）虚拟变量，控制年度和行业影响。变量定义见表6－1。

表6－1　变量定义及其度量方法

变量类型	变量名称	符号	变量定义或度量方法
被解释变量	内部控制缺陷	ICD	若公司发生以下任一种或几种情况，认为内部控制存在缺陷取1，否则为0：①收到非标年报审计结论；②内控自评报告或内控鉴证报告中存在否定语句；③发布会计差错更正声明；④违规受到证监会处罚。
解释变量	内部审计独立性	IAindep	若内部审计隶属于董事会或监事会，则IAindep取1，否则为0
	内部审计部门规模	IAsize	内部审计部门的人员数
	注册会计师审计质量	Qaudit	式（6－3）计算所得ε方差的倒数
	内部控制审计	ICaudit	披露内部控制鉴证报告取1，否则为0
	高管权力	Power	高管权力指标
控制变量	公司规模	Size	期末总资产取自然对数
	并购重组	Merger	有并购事项取1，否则为0
	公司成长性	Growth	年度营业收入总额的增长率
	审计委员会专业性	ACfin	审计委员会中会计及财务专家所占比重
	上市年数	Age	截至统计当年公司上市的年数
	年度	Year	虚拟变量
	行业	Industry	虚拟变量

6.5 实证结果

6.5.1 变量描述性统计分析

表6－2显示了主要变量的描述性统计。以是否存在内部控制缺陷为标准，将2375家样本公司划分为有内控缺陷组与无内控缺陷组2

组，其中内控缺陷组公司为420家，占比约为17.7%。两组样本之间，内部审计独立性、内部审计部门规模、审计委员会存续时间、会计师事务所类型、财务报告审计意见、内部控制审计和高管权力的均值存在明显差异。该检验结果初步显示，审计监督质量越高，内控缺陷存在的可能性越小。

表6-2 描述性统计

变量	ICD=1（N=420）			ICD=0（N=1955）		
	Mean	Median	S. D	Mean	Median	S. D
IAindep	0.351	0	1.705	0.553	1	2.335
IAsize	3.215	3	1.001	4.251	5	2.274
Qaudit	0.511	0	1.225	0.725	1	2.343
ICaudit	0.243	0	0.225	0.514	1	0.842
Power	0.319	0.411	0.505	0.249	0.336	1.187
Size	18.515	18.424	2.561	19.215	19.152	1.521
Merger	0.517	1	0.261	0.217	0	0.419
Growth	0.172	0.223	9.605	0.191	-0.081	2.553
ACfin	0.321	0.311	1.553	0.351	0.307	1.517
Age	10.245	11	5.264	9.419	9	2.717

6.5.2 变量间相关性分析

表6-3列示了变量的Pearson相关系数分析结果，可以看出内部控制缺陷ICD与审计监督特征各变量IAindep、IAsize、Qaudit和ICaudit在不同水平上呈显著正相关关系，并且Power的相关系数显著为正，意味着高管权力影响内部控制缺陷存在的可能性；高管权力Power与各审计监督变量存在负向关系，意味着高管权力对审计监督作用的发挥有制约作用。且各变量间相关系数的绝对值小于0.5，表明变量间无严重的多重共线性。

表 6-3 变量 Pearson 相关系数表

变量	ICD	Power	IAindep	IAsize	Qaudit	ICaudit	Size	Merger	Growth	ACfin	Age
ICD	1										
Power	0.132*	1									
IAindep	-.018*	-0.0324	1								
IAsize	-0.042*	-0.106	0.091**	1							
Qaudit	-0.078**	-0.054	0.098*	0.029	1						
ICaudit	-0.221*	-0.209	-0.104	0.217*	0.239*	1					
Size	-0.114	0.216	0.406	0.403	0.052	0.168	1				
Merger	0.059	0.151	0.030	-0.214	0.065	-0.063	-0.217	1			
Growth	0.108	0.175	-0.13*	0.084	0.417	-0.791	-0.843	-0.224	1		
ACfin	-0.204**	-0.224**	0.201*	0.173*	0.075*	0.074	-0.046	-0.094	0.037	1	
Age	0.037	0.306	0.213	0.135	0.027	0.071	0.043	0.104	-0.105	0.017	1

6.5.3 审计监督特征对内部控制缺陷影响的回归结果

表6-4是模型（6-1）的回归结果，分别将内部审计和外部审计特征变量引入模型，最后再将全部审计监督特征变量代入模型，以便更好地检验审计监督对内控缺陷的影响。

表6-4 审计监督特征对内部控制缺陷影响的回归结果

变量名称	模型6-1-1	模型6-1-2	模型6-1-3	模型6-1-4	模型6-1-5
IAindep	-0.023* (-1.725)				-0.012* (-2.207)
IAsize		-0.009* (-3.217)			-0.006* (-1.323)
Qaudit			-0.008* (-1.402)		-0.005* (-1.514)
ICaudit				-0.003* (-1.014)	-0.001* (-3.075)
Size	-0.401* (-2.241)	-0.511* (-3.121)	-0.303* (-2.033)	-0.322* (-1.032)	-0.124* (-2.046)
Merger	0.121* (1.235)	0.112* (3.213)	0.034* (2.304)	0.091* (1.026)	0.039* (1.593)
Growth	0.036 (2.807)	0.101 (4.420)	0.021 (1.531)	0.048 (2.216)	0.019 (1.719)
ACfin	-0.090** (-5.101)	-0.063** (-4.153)	-0.071** (-2.271)	-0.068** (-1.325)	-0.060** (-2.715)
Age	0.021 (1.812)	0.041 (2.301)	0.028 (1.261)	0.019 (1.512)	0.021 (1.217)
Year	控制	控制	控制	控制	控制
Industry	控制	控制	控制	控制	控制
N	2375	2375	2375	2375	2375
NagelkerkeR^2	0.633	0.610	0.615	0.642	0.597

模型（6-1）的结果显示：内部审计独立性、内审部门规模对内部控制缺陷有显著的负向影响，支持假设H1a、H1b；注册会计师审计质量及实施内部控制审计分别在不同显著性水平上与内控缺陷负相关，这表明较高

的审计监督质量可以减少内部控制缺陷的存在，支持假设 H2a、H2b。

6.5.4 高管权力、审计监督特征对内部控制缺陷影响的回归结果

表6－5是模型（6－2）的回归结果，在模型（6－1）的基础上引入高管权力与审计监督特征变量的交互项，检验高管权力作用对审计监督与内部控制缺陷之间关系的影响。

表6－5 高管权力、审计监督特征对内部控制缺陷影响的回归结果

变量名称	模型5－2－1	模型5－2－2	模型5－2－3	模型5－2－4	模型5－2－5
IAindep	－0.004* （－2.329）				－0.003* （－2.510）
IAindep*Power	－0.002* （－1.491）				－0.001* （－2.462）
IAsize		－0.006* （－4.032）			－0.050* （－2.156）
IAsize*Power		－0.001* （－3.151）			－0.002* （－2.409）
Qaudit			－0.134* （－1.272）		－0.068* （－2.357）
Qaudit*Power			－0.065* （－0.725）		－0.010* （－2.817）
ICA				－0.026* （－1.761）	－0.019* （－4.712）
ICA*Power				－0.027* （－1.319）	－0.052* （－3.132）
Power	0.003* （2.338）	0.002* （3.169）	0.005* （1.265）	0.002* （2.791）	0.001* （1.324）
Size	－0.165* （－2.312）	－0.314* （－4.104）	－0.251* （－2.015）	－0.169* （－1.511）	－0.127* （－3.513）
Merger	0.050* （2.802）	0.056* （2.251）	0.047* （1.370）	0.040* （1.507）	0.033* （1.319）
Growth	0.059 （2.349）	0.071 （1.911）	0.050 （1.450）	0.049 （1.051）	0.055 （2.042）
ACfin	－0.071** （－1.113）	－0.081** （－2.001）	－0.052** （－3.112）	－0.061** （－1.215）	－0.060** （－1.079）

续表

变量名称	模型 5-2-1	模型 5-2-2	模型 5-2-3	模型 5-2-4	模型 5-2-5
Age	0.031 (2.701)	0.039 (4.122)	0.040 (2.535)	0.029 (1.255)	0.033 (3.501)
Year	控制	控制	控制	控制	控制
Industry	控制	控制	控制	控制	控制
N	2375	2375	2375	2375	2375
NagelkerkeR^2	0.663	0.621	0.641	0.613	0.672

回归结果显示：高管权力与审计监督特征交叉项的系数在不同显著性水平上显著为负，表明高管权力增大会减弱审计监督能力，抑制审计监督对内部控制缺陷存在可能性的降低作用，验证了假设3；并且高管权力的回归系数在10%水平上显著为正，意味着高管权力膨胀会降低内部控制有效性，进一步支持假设H3。

6.5.5 稳健性检验

为了确保研究结论的可靠性，我们做如下稳健性检验：①以总经理薪酬占前5位高管薪酬总额的比例作为高管权力的衡量指标进行了上述实证分析；②考虑到审计监督特征变量对内部控制缺陷的影响可能存在滞后性，将滞后期的审计监督特征变量引入模型，把回归样本区间扩展为2006—2013年，构建滞后变量模型进行回归检验；③考虑到审计监督特征与内部控制缺陷二者之间可能会存在内生性问题，采用Heckman两阶段法进行修正；④在审计监督特征变量中，由于在其他条件相同的条件下，较大规模的会计师事务所的审计质量相对较高。我们以聘请“国际四大”会计师事务所（Big4）作为注册会计师审计质量较高的替代变量，代入模型（6-2）进行检验，所得分析结果如表6-6所示。

表6-6 高管权力、审计监督特征与内部控制缺陷的回归结果

变量名称	模型 6-2-1	模型 6-2-2	模型 6-2-3	模型 6-2-4	模型 6-2-5
IAindep	-0.003* (-2.519)				-0.002* (-1.356)

续表

变量名称	模型 6-2-1	模型 6-2-2	模型 6-2-3	模型 6-2-4	模型 6-2-5
IAindep * Power	-0.002 * (-1.573)				-0.001 * (-3.527)
IAsize		-0.005 * (-5.115)			-0.042 * (-3.123)
IAsize * Power		-0.001 * (-4.324)			-0.002 * (-1.521)
Big4			-0.122 * (-1.151)		-0.052 * (-1.823)
Big4 * Power			-0.054 * (-0.937)		-0.021 * (-1.757)
ICA				-0.022 * (-2.067)	-0.016 * (-3.292)
ICA * Power				-0.031 * (-2.245)	-0.027 * (-2.833)
Power	0.002 * (1.536)	0.004 * (2.373)	0.002 * (3.242)	0.011 * (3.334)	0.001 * (1.251)
Size	-0.142 * (-2.521)	-0.251 * (-2.031)	-0.146 * (-4.135)	-0.263 * (-5.027)	-0.115 * (-2.721)
Merger	0.062 * (3.711)	0.057 * (1.281)	0.041 * (1.625)	0.062 * (3.437)	0.036 * (2.207)
Growth	0.046 (3.142)	0.041 (1.513)	0.050 (2.041)	0.110 (4.242)	0.057 (1.319)
ACfin	-0.043 ** (-2.125)	-0.053 ** (-3.702)	-0.049 ** (-2.016)	-0.057 ** (-3.205)	-0.057 ** (-1.921)
Age	0.028 (2.823)	0.041 (4.146)	0.032 (2.585)	0.051 (5.137)	0.029 (3.613)
Year	控制	控制	控制	控制	控制
Industry	控制	控制	控制	控制	控制
N	2375	2375	2375	2375	2375
NagelkerkeR^2	0.552	0.563	0.522	0.522	0.581

回归结果显示，审计监督特征的各单变量 IAindep、IAsize、Qaudit 和

ICaudit 与内部控制缺陷 ICD 在不同的显著性水平上显著负相关，表明随着审计监督特征变量监督能力的提高，内部控制缺陷存在的可能性会减小；高管权力 Power 与内部控制缺陷 ICD 在 10% 水平上显著为正，Power 与各审计监督特征变量的交互项的系数显著为负，表明高管权力的增大能够减弱审计监督特征变量的监督能力，进而削弱审计监督对内部控制缺陷存在可能性的降低作用。检验结果符合预期，与前文结论无实质性区别，说明实证分析结论是比较稳健的。

6.6 本章小结

本章从高管权力增大，影响内部审计与外部审计组成的审计监督机制的治理效力角度，实证检验了高管权力、审计监督对内部控制缺陷的影响。结果发现：第一，审计监督质量越高，内部控制缺陷存在的可能性越小，即审计监督的 4 个特征变量——内部审计独立性、内部审计部门规模、注册会计师审计质量和实施内部控制审计，分别与内部控制缺陷显著负相关；第二，高管权力增大会削弱审计监督特征变量的治理效力，减弱审计监督对内部控制缺陷存在可能性的降低作用。由此得到启示：一是应重视提高内部审计部门的独立性，加强内部审计部门的建设力度，增加内部审计人员配置，进一步提高内部审计的治理效力；二是增强外部审计机构的独立性，推动企业对内部控制的运行情况进行内部控制审计，提高外部审计对内控建设促进的作用效果；三是高管在内控建立和运行过程中起重要作用，可以影响审计监督治理能力，因此，要对高管权力形成合理制约，抑制强权高管为攫取私利等目的干涉审计监督的行为。

第7章

高管权力、市场化改革与内部控制缺陷

7.1 引言

现代企业经营权与所有权分离，经营者代理所有者行使最终的经营决策权，企业高管由于位于公司科层结构的顶端，在内部控制的设立、运行和评价过程中起着关键性作用。在激励不相容和信息不对称的情况下，作为“理性经济人”的高管出于自利等目的，很可能会滥用权力，使内部控制沦为只能有效约束普通员工的“装饰品”（刘启亮等，2013），是否会影响企业内部控制缺陷存在的可能性？我国不断推进的市场化改革带来市场化进程的加快，在我国转轨经济时期，各地区法律制度、市场竞争和政府行为等市场化因素存在显著差异，可能会导致市场化改革对企业高管侵占股东利益行为影响程度的不同，市场化改革对高管权力形成塑造效应，进而可能会影响高管权力与内部控制缺陷之间的关系。

7.2 相关文献回顾

1992 年，美国 COSO 在《内部控制——整体框架》中指出，CEO 确定了管理层的基调，这些基调影响了企业的诚实和操守。如李连华（2007）认为管理者是内控制度有效执行的关键决定因素，如高管人员对法规的反应态度、对企业财务制度的重视程度、对人力资源的相关政策等，均对内部控制运行的成效有重要影响。董颖（2008）指出，企业高管是内部控制设计和执行的关键主体，高管人员的知识、道德观、价值观和世界观等素质对企方法经营管理有重要影响，其素质高低对内部控制运行环境有重要影响。吴秋生等（2011）指出管理层理念可以被看作是内部控制运行环境的重要组成部分，发挥主导内控执行“基调”的作用，进一步指出管理层理念概括为风险观念、正规化观念、会计观念和法制观念等方面，发现这些管理层理念体现了企业对待内控的态度与意识，会影响内控制度执行效果。

进一步地，1999 年的 COSO 报告指出，企业内部控制制度不完善的情况下，可能会增加管理层凌驾于内部控制之上的机会。此时，在内部控制运行中，包括 CEO 和 CFO 在内的企业高层管理者，可能会影响审计委员会等监督机构的治理效力，凌驾于内部控制的政策或程序之上，出现诸如财务报表重述和管理层舞弊等高管违规现象。这些现象存在的根本原因在于企业内的管理者们为了维护各自的利益而凌驾于内部控制制度之上，由此，高管权力会在一定程度上影响内部控制的实施。

关于企业管理层对内部控制的影响方面，由于高管们位于公司科层治理结构的顶端，其决策行为会对内部控制制度的设立及实施产生重要影响。树友林（2011）通过对上市公司内部控制运行过程中证监会、会计师事务所和企业高管 3 个主要利益相关者行为动机的博弈分析，得出在激励不相容和信息不对称的情形下，可能会出现企业高管架空内部控制制度框架而谋取私利的现象，上市公司要减少代理人权力干预导致的内部控制失效问题。国内外已有诸多文献围绕这一问题展开了大量研究。在内部控制制度的设计环节，肖敏知（2012）认为由于企业管理者在内控制度的设计、执行等方面起到关键性作用，这在客观上为企业管理者凌驾于内控之上提供了便利，换句话说，企业内控存在失效的风险。在内部控制执行过程中，赵息等（2013）通过主成分分析法构造高管权力的 4 个维度，构建回归模型实证检验了高管权力构成的各个维度对内部控制的有效性的影响，结果发现，高管权力的不同维度会在不同程度上影响内部控制有效性，组织能力较强、个人能力较强的管理者会降低内部控制的有效性，而有效的外部监管能够增强内部控制的有效性。路杨（2010）基于高阶理论视角，实证研究了高管团队规模、平均年龄、平均教育水平和平均任期等高管团队特征对内部控制有效性的影响。

此外，根据新制度经济学，上市公司的内部契约实施内生于外部制度环境。众多学者也就法律、文化和市场环境等因素对上市公司制度安排的影响效应进行了研究。如 Asli Demirguc 等（1999）在控制企业内部因素影响的前提下发现，对于投资者法律保护较好的国家，其企业长期债务比例更高，并且得到政府资助的行业获得了更多的长期贷款。Burkart 等（2003）综合考虑所有权和控制权分离度及法律环境，构建家族企业权力承继模型，分析得出在投资者保护较弱的国家，股权集中的家族企业是主要组织形式，而在投资者保护较充分的国家，股权分散的职业经理人经营的企业是主要组织形式。Faccio 等（2006）从政府与企业相互作用关系的角度，研究政府与企业投资之间的作用关系，结果发现政府出于完成政治任务的目的，往往会干预企业运营，迫使企业投资于政治性目的的投资项目，导致企业的非效率投资，进而降低市场的资本配置效率。夏立军等（2007）研究了外部市场化进程和宏观层面的国企改革策略对公司治理安排的影响，结果发现市场化进程的提高，显著地减小了地方政府控制上市公司的动机，而国企改革策略则促进地方政府具有更强的政治动机，以此对管制性行业公司及大规模公司实施控制。郝颖等（2010）实证研究了市场化进程对不同产权企业 R&D 投资的影响。结果发现，市场化进程越高的地区，企业 R&D 投资强度越大，且在行业竞争的作用下，市场化进程对企业 R&D 投资的影响更为明显；进一步研究发现，相较于地方国资委控制企业和地方集团公司，中央国有企业和民营企业的 R&D 投资对外部市场化进程的敏感性较高。为针对不同产权性质的企业采取措施以完善企业 R&D 投资的市场驱动机制提供了理论支撑。姜付秀等（2011）实证检验了市场化程度是如何作用于企业资本结构调整的过程，资本结构的调整分别从调整速度及实际的资本结构相较于目标资本结构的偏离程度两个方面来分析，结果发现，区域市场化进程越高，企业资本结构的调整速度越大，偏离目标资本结构的程度随市场化程度的提高产生动态变化。李文贵等（2012）实证检验了市场化进程对不同所有权性质企业风险承担行为的影响，结果发现，国有企业具有较低的风险承担水平，且国家所有权产权性质对于企业风险承担的抑制效应主要表现在中小规模企业。在市场化进程较高的地区，国有企业与非国有企业间风险承担行为的差异更明显。苏秀花（2013）等以内部控制指数作为内部控制效率的替代变量，实证检验了外部制度环境对上市公司内部控制效率的作用效果，结果发现制度环境越好的地区，企业内部控制运行效率较高。刘慧龙等（2014）实证检验了制度环境对企业实际税率的影响，结果发现，区域市场化水平越高、政府治理越好和法治化水平越高的地区，上市公司的实际税率越高，这种影响效应仅存在于非国有控股公司中，且在地方财政压力比较低的情形下存在。这表明较好的制度环境可以降低地方政府对于企业税收的压力，这一结论为理解市场化改革在地方政府行为和税收政策的制定方面提供了经验证据。杨兴全等（2014）基于市场化改革加快的制度背景，实证检验了市场化进程和高管权力对企业现金持有的影响，结果发现市场化进程越快的地区，高管权力越大，企业现金持有水平越高，而现金持有水平的提高会导致企业价值下降，但市场化程度加快会减弱高额持有现金带来的负面价值效应。陆智强等（2014）研究发现，企业高管权力越大，越容易获得更多的超额薪酬，外部市场化进程的提高能够对企业高管运用权力攫取超额薪酬的能力产生显著的影响。

综上分析可见，关于高管权力对内部控制影响方面，国内外学者进行了广泛的研究，获得了诸多有价值的研究结论。通过文献回顾，可以看出已有众多研究主要围绕管理层个人特质、权力特征等因素对企业内部控制设计和执行的影响进行展开，而较少研究高管权力对内部控制缺陷的影响。此外，企业高管权力的机会主义行为和内部控制的实施过程，在很大程度上受到企业外部市场化改革（如法律法制环境、市场化水平等）的影响。因此，在展开企业高管权力对内部控制缺陷存在可能性影响的研究时，应该将外部市场化改革、区域市场化发展不平衡等宏观制度环境因素考虑在内。

7.3 理论分析与假设提出

7.3.1 高管权力对内部控制缺陷的影响

Finkelstein（1992）和刘星等（2012）认为，高管权力是高管拥有的超出其控制权范畴的，使企业战略朝自己意愿方向发展的能力。而制衡性原则是内部控制设立遵循的基本原则，健全有效的内部控制应当制约高管权力，促使其做出符合股东利益的决策。但杨有红等（2011）指出源于经营权与所有权分离的委托代理冲突，作为“理性经济人”的高管不倾向于实施约束自身权力的政策制度，他们存在隐瞒违规行为或虚报公司业绩以骗取银行贷款、操纵股价、谋取不正当个人利益等机会主义动机。

委托人和代理人利益的偏离必然会产生代理成本，为降低代理成本，从委托人的角度来看，最关键是建立完善的经理人监督机制和激励机制，以将经理人的决策行为控制在委托人的利益范围之内。但因信息的不对称性、人的有限理性和合约的不完全性，使得薪酬激励契约异化，可能会诱发高管自定薪酬、通过盈余操纵、不良投资等方式影响企业短期业绩以实现高额薪酬的机会主义行为，使得薪酬激励契约不仅不能有效缓解委托代理冲突，其本身也可能沦为代理问题的一部分。如 Cheng 等（2009）指出，权力较大的 CEO 不仅能够影响薪酬契约的制定过程，而且能够影响董事会对其进行的绩效考核。吕长江等（2008）以国有企业为研究样本得出，权力较大的高管可以自己设计激励组合，来实现高额货币薪酬，因此导致企业薪酬激励不能有效发挥治理作用，反倒会变成代理问题的一部分。对于股权激励方面，王烨等（2012）研究发现，权力较大的高管可以影响股权激励方案的制定，导致股权激励不能有效减缓代理冲突。吕长江等（2009）指出，国有控股公司高管权力的增大，会使股权激励演变为高管获取福利的手段，成为高管权力寻租的渠道。因此，高管权力的增加，会弱化或扭曲管理层激励，造成激励机制失效，而理性经济人的自利本性决定了在内部控制运行过程中，高管为追求自身利益等目的，可能会发生败德行为。

此外，由于高管位居企业科层结构的顶端，权力较大的高管能够减弱权力监督机制的治理效力，使得其机会主义动机变成现实，降低内部控制的实施效果，具体途径如下：一是董事会负责监督内部控制制度的建立健全及有效实施。Goh（2009）研究发现，董事会规模和独立性等治理质量越高，内部控制有效性越高，并且内部控制缺陷可以得到及时修复。雷辉等（2014）指出董事长与总经理两职分离有利于提高内部控制质量。

Harris等（2008）认为，富有权力的CEO可以采取干预董事会成员设置、降低独立董事履职所需信息质量等手段俘虏董事会，削弱董事会监督的有效性。吴秋生（2012）认为两职合一的公司较易发生管理层凌驾问题，同时企业的内部控制环境会受到影响。Naiker等（2009）研究发现审计委员会的独立性和专业性越高，内部控制缺陷存在的可能性越小，审计委员会能够发现并监督纠正内部控制缺陷。但刘焱等（2014）研究发现，高管强权干预会影响审计委员会专业作用的发挥，削弱审计委员会对内部控制的监控效力；二是审计监督机制方面，当高管权力干预董事会履职，削弱董事会治理能力时，若内部审计部门隶属于董事会，其治理能力相应地也会被削弱，若内部审计隶属于管理层，更会发生被俘虏或干预的情形，因此，内部审计部门的监督治理效力会被降低；审计委员会的主要职责是审查财务报告、协调内外部审计与监督评价内部控制等事宜；三是高质量的外部审计能够约束经理人自利行为，降低其道德风险和逆向选择。雷英等（2013）研究发现内部控制审计能提高上市公司的盈余质量。但张敏（2010）认为，在我国股东通过代理权投票或放弃投票选聘外部审计师的现实中，审计师的聘任权实际上掌握在高管手中。罗明琦等（2014）认为，高管为降低其败德行为被发现和披露的概率，权力越大，越倾向于选择审计质量较低的会计师事务所进行审计。况学文等（2011）认为，权力较大的高管会限制审计师的审计范围，降低审计师独立性，减少外部审计的监督。由此可以预期，高管权力越大，越能够降低年报审计和内部控制审计的治理功效。综上，高管权力越大，越能够削弱激励机制与监督机制的治理效力，为获得不正当个人利益或虚夸企业财务状况而不遵守内部控制政策或程序。而健全的内部控制约束了经理人的自利行为，高管权力膨胀，具有在内部控制运行中以权谋私的动机和能力，可以通过关联方交易、债务重组和委托经营等途径，隐蔽地实施机会主义行为，由此会增大内部控制缺陷存在的可能性。因而得到假设：

H1a：高管权力与内部控制缺陷正相关，即高管权力越大，越能够超越内部控制的约束，增大内部控制缺陷存在的可能性。

然而，Boeker等（1993）研究发现，高管权力越大，越容易得到管理团队中其他成员的支持，具有较高的威望。Pitche等（2000）研究发现，当修正内部控制缺陷时，高管权力越大，越容易调配各种资源，排除潜在的障碍，使内部控制缺陷得到及时修正。韩立岩等（2009）认为，由于外部环境的不确定性，CEO 决策影响力越大，越能有效降低公司陷入财务危机的可能性。Pathan 等（2009）认为，由声誉激励理论可知，出于注重自身声誉的考虑，权力较大的高管会倾向于规避风险，银行业高管权力与公司的风险承担行为负相关。由此可以预期高管权力越大，越可能会利用自己对企业资源的配置权，高效处理内控运行中发生的非一般事项，减少内部控制漏洞存在的概率。由此提出与假设 1a 相对立的假设：

H1b：高管权力与内部控制缺陷负相关，即高管权力越大，越能够为内部控制有效实施提供保障，降低内部控制缺陷存在的可能性。

7.3.2 高管权力、市场化改革对内部控制缺陷的影响

在推进“渐进式”市场化改革的制度背景下，资源配置主体逐渐由政府向市场转变。刘启亮等（2012）认为，制度环境越好的地区，政府对市场的干预程度降低，市场竞争强度增大，企业以“政府偏袒”方式获得经济资源的可能性减小，需要重视经营管理，加强内控建设以提高经营效率，增强风险防范能力；杨有红等（2011）研究发现，随着市场化程度的提高，政府通过控制企业使其承担社会任务的干预程度减小，监管部门的独立性增强，法律法规越完善，地方政府对法规的执行效力越大，会推动企业加强内部控制建设；伊志宏等（2011）指出，市场化进程较高的地区，机构投资者监督越有效；陈丽红等（2010）研究发现，外部审计机构会计师事务所的独立性越强，审计师越会为降低上市公司被查处的监管风险，通过扩大测试范围和程度等方式，对发现的企业内部控制缺陷提出改进建议；Dyck 等（2008）研究发现媒体监督治理作用增强，会增大对企业高管财务欺诈等舞弊行为曝光的“显性”约束功能；且制度环境较好地区的人力市场有效性提高，声誉机制的监督激励效应增强，违规行为所承担的声誉损失及违法成本增加，控制权市场更有效，经营不善的企业面临的被兼并收购的压力增大，市场竞争产生的“清算威胁”效应增大了高管非正常变更的概率。因此，地区市场化进程越高，对高管权力的塑造效应越大，能够调节高管权力与内部控制

缺陷之间的关系。由此得到假设：

H2a：市场化改革能够抑制高管权力对内部控制缺陷的正向影响。

H2b：市场化改革能够增强高管权力对内部控制缺陷的负向影响。

7.4 研究设计

7.4.1 样本与数据

本研究以2009—2013年沪、深两市A股上市公司为研究对象，剔除：金融类及数据缺失的公司，最终得到3136个样本观测值。数据来源如下：市场化改革数据来自樊纲等（2011）的市场化指数，关于内部控制缺陷的信息来自巨潮资讯网、证券交易所官方网站及CSMAR数据库，其余数据来自CSMAR、RESSET、CCER及Wind数据库。为消除极端值的影响，对连续变量样本进行了上下5%的Winsorize缩尾处理。

7.4.2 变量选择和定义

1. 被解释变量

内部控制缺陷（ICD）。采用前文“5.4研究设计”中判定企业是否存在内部控制缺陷的方法进行识别。

2. 解释变量

（1）微观层面解释变量——高管权力（Power），采用前文第四章研究中构建的高管权力指标来衡量。

（2）宏观层面解释变量——市场化改革（Market）。随着市场化改革推进，市场化进程的不断提高，许多学者开始研究市场化改革的一些替代性指标。辛清泉等（2009）、刘启亮等（2012）选择使用了市场化指数，这一指数主要来自樊纲等（2011）编著的中国省域市场化进程指数报告，这一报告通过主成分分析法构建了中国省区的市场化进程指数，该指数主要包括5个方面的内容，即“政府与市场之间的关系”“非国有经济体的发展”“产品市场发育”“要素市场发展程度”和“市场中介与法律制度环境体系的发展”。本研究借鉴刘启亮等（2012）的做法，使用樊纲等（2011）的《中国市场化指数——各地区市场化相对进程2011年报告》中各省区的市场化总指数来衡量，该指数越大，表明政府对市场的干预程度越低，市场发育程度越高，法律法规环境越好，相应市场化进程越高。若地区市场化指数大于中位数取1，否则为0。

3. 控制变量

本章中主要选取如下控制变量：董事会规模（Bsize）、公司规模（Size）、并购重组（Merg）、公司成长性（Growth）、审计委员会专业性（ACfin）、上市年数（Age）、审计师变更（Auc）、年度（Year）和行业（Indu）虚拟变量，各控制变量定义同第四章和第五章。具体各变量定义见表7－1。

表7－1　变量定义及说明

变量类型	变量名称	变量符号	变量定义及说明
被解释变量	内部控制缺陷	ICD	若公司发生以下任一种或几种情况，认为内部控制存在缺陷取1，否则为0：①年报收到非标审计报告；②内控自评报告或内控鉴证报告中存在否定语句；③发布会计差错更正声明；④违规受到证监会处罚
解释变量	高管权力	Power	采用主成分分析法合成的高管权力综合指数
	市场化改革	Market	樊纲等（2011）披露的各地区市场化总指数
控制变量	公司规模	Size	期末总资产取自然对数
	并购重组	Merg	有并购事项取1，否则取0
	公司成长性	Growth	年度营业收入总额的增长率
	审计委员会专业性	ACfin	审计委员会中会计及财务专家所占比重
	上市年数	Age	截至做统计当年公司上市的年数
	年度	Year	虚拟变量
	行业	Indu	虚拟变量

7.4.3　模型构建

为检验高管权力对内部控制缺陷的影响，构建Logistic回归模型（7－1）。

$$\text{Ln}[\text{ICD}/(1-\text{ICD})] = \alpha_0 + \alpha_1\text{Power} + \alpha_2\text{Size} + \alpha_3\text{Merger} + \alpha_4\text{Growth} + \alpha_5\text{Acfin} + \alpha_6\text{Age} + \alpha_7\text{Year} + \alpha_8\text{Industry} + \varepsilon \tag{7-1}$$

其中，Power 是高管权力，为具体地检验高管权力构成对内部控制缺陷的作用关系，先分别将主成分分析法构造的高管权力结构的 3 个维度——组织权力（Org_ power）、专家权力（Ten_ power）和所有者权力（Own_ power）依次引入模型，然后再检验高管权力综合指标对内部控制缺陷的影响。

为检验市场化改革与高管权力的交互作用对内部控制缺陷的影响，在模型（7－1）的基础上，引入市场化改革与高管权力的交乘项 Market × Power，构建模型（7－2）。

$$\text{Ln}[\text{ICD}/(1-\text{ICD})] = \alpha_0 + \alpha_1\text{Power} + \alpha_2\text{Market} + \alpha_3\text{Market}\times\text{Power} + \alpha_4\text{Size} + \alpha_5\text{Merger} + \alpha_6\text{Growth} + \alpha_7\text{Acfin} + \alpha_8\text{Age} + \alpha_9\text{Year} + \alpha_{10}\text{Industry} + \varepsilon \tag{7-2}$$

7.5 实证结果

7.5.1 变量描述性统计

表 7－2 是变量的描述性统计结果。以是否存在内部控制缺陷为标准，将 3136 个总样本观测值划分为有内控缺陷组与无内控缺陷组 2 组。其中，内控缺陷组有 567 个观测值，占比约为 18.1%。组间比较的均值差异 T 检验结果显示，两组样本公司间，变量 Insti、Size、Merg、Growth、ACfin 和 Age 分别在不同的显著性水平上存在差异。

表 7－2 描述性统计

变量	全样本（N = 3136）		内控缺陷组（N = 567）		无内控缺陷组（N = 2569）	
	Mean	S. D	Mean	S. D	Mean	S. D
Power	0.427	2.145	0.513	2.125	0.338	0.742
Insti	9.736	1.824	9.287	1.543	10.256	1.637

续表

变量	全样本（N=3136）		内控缺陷组（N=567）		无内控缺陷组（N=2569）	
Size	20.736	1.664	18.931	0.742	22.541	0.617
Merg	0.307	0.827	0.312	1.042	0.323	2.113
Growth	0.371	1.801	0.382	1.142	0.402	2.023
ACfin	0.324	0.746	0.257	0.391	0.363	0.187
Age	10.548	3.242	11.704	1.043	10.052	0.451

7.5.2 变量间相关性分析

表7-3是各变量的Pearson相关系数矩阵。从相关系数矩阵可以看出，除Age外，解释变量Power与被解释变量ICD之间的关系，及控制变量与被解释变量之间的关系与预测相一致。从相关系数矩阵来看，各变量间的相关系数小于0.5，不存在多重共线性问题，能够进行回归分析。

表7-3 Pearson相关系数

	ICD	Power	Market	Size	Merg	Growth	ACfin	Age
ICD	1							
Power	0.127*	1						
Market	-0.056*	0.084*	1					
Size	-0.081*	-0.062*	0.101*	1				
Merg	0.019*	0.025	-0.027	-0.007	1			
Growth	0.017	0.246	-0.082	-0.043	0.051	1		
ACfin	-0.048*	0.061*	0.073*	0.126	-0.044	-0.035*	1	
Age	0.037	0.192*	0.042*	0.051	-0.017*	0.024	-0.011*	1

7.5.3 高管权力对内部控制缺陷影响的回归结果

表7-4是模型（7-1）的回归结果。为了更好地检验高管权力对内部控制缺陷的影响，先分别将第四章中用主成分分析法得出的高管权力构成的3个维度（Own_ power、Ten_ power和Own_ power）的得分变量引入模型，以单独检验高管组织权力、声望权力及所有制权力对内部控制缺陷的影响，最后再将合成的高管权力综合指标引入模型进行检验。

表 7-4　高管权力对内部控制缺陷影响的回归结果

变量	模型 7-1-1	模型 7-1-2	模型 7-1-3	模型 7-1-4
Org_ power	0.009** (2.714)			
Ten_ power		0.007* (2.615)		
Own_ power			0.002* (3.104)	
Power				0.003* (2.015)
Size	-0.052* (-2.415)	-0.023* (-2.109)	-0.069* (-3.171)	-0.014* (-2.105)
Merg	0.036* (3.325)	0.027* (1.034)	0.015* (4.012)	0.026* (1.032)
Growth	0.071 (3.622)	0.062 (2.441)	0.057 (1.317)	0.048 (2.212)
ACfin	-0.117** (-2.105)	-0.214** (-4.233)	-0.171** (-5.011)	-0.205* (-1.514)
Age	0.072 (1.124)	0.065 (1.012)	0.049 (3.209)	0.051 (4.153)
Year/Indu	控制	控制	控制	控制
N	3136	3136	3136	3136
NagelkerkeR^2	0.521	0.475	0.509	0.497

回归结果结果显示：高管组织权力（Org_ power）与内部控制缺陷在5%水平上显著负相关，声望权力（Ten_ power）和所有制权力（Own_ power）分别与内部控制缺陷在10%水平上显著负相关。高管权力综合指标（Power）与内部控制缺陷在10%水平上负相关。表明高管权力与内部控制缺陷正相关，与刘启亮等（2013）的“权力超越说”的研究结论一致，意味着高管权力越大，机会主义动机越显著，越可能会出现高管凌驾于内部控制之上的情形，增大内部控制缺陷存在的可能性，支持假设H1a。同时说明高管加强内部控制建设以增强企业风险管理能力的动力不足，不支持假设H1b。

7.5.4 高管权力、市场化改革对内部控制缺陷影响的回归结果

为了更全面地检验市场化改革对内部控制运行中高管权力的制衡作用，本部分用2种方法衡量高管权力，一种是前文第四章研究中构建的高管权力指标，另一种是采用累积积分变量法合成的高管权力综合指标，以高管权力6个指标的累积积分变量合成高管权力综合指标 $Power^1$，即 $Power^1 = Power_1 + Power_2 + Power_3 + Power_4 + Power_5 + Power_6$，通过Cronbach's α 检验，其信度值为0.73。该累积积分变量越大，高管权力越大。具体度量方法见表7-5。

表7-5 高管权力指标及其度量

权力指标	指标解释
两职兼任 $Power_1$	CEO若不兼任董事取1，若兼任董事取2，若兼任副董事长取3，若兼任董事长取4
董事会规模 $Power_2$	若董事会人数超过行业中位数取1，否则取0
任职年限 $Power_3$	CEO担任职务的月数超过行业中位数取1，否则为0
外部兼职 $Power_4$	CEO在本公司外兼职取1，否则为0
股权分散 $Power_5$	第一大股东持股比例除以第二至第十大股东持股比例之和所得的结果，若小于1取1，否则为0
机构持股 $Power_6$	机构投资者持股比例低于行业中位数取1，否则为0

分别将市场化改革与这两个高管权力指标的交互项引入模型（7-2），回归结果见表7-6。结果显示，市场化改革Market分别与2个高管权力变量Power和 $Power^1$ 的交互项 $Power * Market$ 及 $Power^1 * Market$ 的系数在10%水平上显著为负，表明市场化进程的提高增强了对高管权力的监督约束作用，抑制高管权力膨胀对内部控制缺陷存在可能性的正向影响，假设H2a得到验证。

7.5.5 稳健性检验

为了进一步增强检验结果的可靠性，做如下稳健性检验：①以CEO薪酬在前5位高管薪酬总额中所占的比例来衡量高管权力；②考虑到高管权力对内部控制缺陷的影响可能存在滞后性，把回归样本区间扩展为2006—

2013 年，构建滞后变量模型进行实证检验；③考虑到高管权力变量与内部控制缺陷之间可能会存在内生性问题，采用 Heckman 两阶段法进行修正；④检验市场化改革对高管权力与内部控制缺陷间关系的影响时，以市场化改革替代变量（市场化进程总指数）的中位数为标准，将样本组分成市场化程度较高组与市场化程度较低组分别进行回归，以检验市场化改革对高管权力行为的塑造效应，结果如表 7－7 所示。

检验结果显示，不同市场化进程的两组样本公司中，高管权力对内部控制缺陷的正向影响存在差异。全样本中，高管权力的系数显著为正，市场化程度较高的样本组中，高管权力系数为正，但影响不显著，而市场化程度低的样本组中，高管权力对内部控制缺陷有显著的正向影响。检验结果表明市场化进程的提高对高管权力产生了塑造效应，能够减少内部控制运行中高管权力的机会主义行为，抑制高管权力对内部控制缺陷的正向影响，检验结果与前文的研究结论一致。

表 7－6　高管权力、市场化改革对内部控制缺陷影响的回归结果

变量名称	预计符号	模型 7－2－1	模型 7－2－2
$Power^1$	+	0.005** (2.312)	
$Power^1$ * Market	−	−0.003* (−2.129)	
Power	+		0.003* (1.527)
Power * Market	−		−0.002* (−2.071)
Insti	−	−0.112* (−2.201)	−0.017* (−2.037)
Size	−	−0.024 (−2.015)	−0.037* (−2.302)
Merg	+	0.025* (2.131)	0.034* (3.017)
Growth	+	0.035 (2.021)	0.022 (3.033)

续表

变量名称	预计符号	模型 7-2-1	模型 7-2-2
ACfin	-	-0.079 (-1.517)	-0.051** (-3.259)
Age	-	0.061 (1.331)	0.048 (2.511)
Year/Indu		控制	控制
N		3136	3136
Nagelkerke R^2		0.636	0.751

表 7-7 市场化改革的分组检验结果

变量名称	全样本	市场化进程	
		高	低
Power	0.002* (4.211)	0.005 (2.037)	0.003* (1.509)
Size	-0.011* (-3.226)	-0.009* (-4.061)	-0.012* (-2.340)
Merg	0.016* (1.145)	0.021* (2.423)	0.019* (3.025)
Growth	0.035 (3.526)	0.027 (2.161)	0.041 (4.031)
ACfin	-0.173* (-2.026)	-0.321** (-3.131)	-0.201** (-4.113)
Age	0.041 (3.041)	0.048 (2.128)	0.045 (4.902)
Year/Indu	控制	控制	控制
N	3136	1216	1920
NagelkerkeR^2	0.537	0.524	0.565

7.6 拓展性检验

7.6.1 高管权力对不同性质内部控制缺陷的影响

对于高管权力对内部控制缺陷影响的作用关系分析，考虑到穆迪投资者服务公司将内部控制缺陷划分为公司层面的内控缺陷和财务报告层面的内控缺陷，Hermanson 等（2009）研究发现，不同性质的内部控制缺陷会在不同程度上影响投资者对公司财务报告质量的感知，公司层面内控缺陷会在更大程度上引发投资者对审计师的不满。Zhang（2007）指出，相较于有财务报告层面内部控制缺陷的公司，有公司层面内部控制缺陷的公司会支付更高的贷款利率。因此，有必要研究高管权力对不同性质内部控制缺陷的影响是否存在差异，以便利益相关者正确评估和推进不同层面的内部控制建设。

本研究借鉴 Zhang（2007）和王惠芳（2011）的研究成果，将内部控制缺陷按性质划分为财务报告层面内控缺陷和公司层面内控缺陷，进一步检验高管权力对不同性质内部控制缺陷的影响。围绕内部控制五要素，参考国际权威投资信用评估机构穆迪投资者服务公司关于内部控制缺陷的分类，进一步把内控缺陷分为 2 类，即公司层面内部控制缺陷和财务报告层面内部控制缺陷。分别构建模型（7－3）和模型（7－4），进行 Logistic 回归分析。

$$Ln[Fin\_ICD/(1-Fin\_ICD)] = \beta_0 + \beta_1 Power + \beta_2 Size + \beta_3 Merger + \beta_4 Growth + \beta_5 Acfin + \beta_6 Age + \sum Year + \sum Indu + \varepsilon \quad (7-3)$$

$$Ln[Com\_ICD/(1-Com\_ICD)] = \beta_0 + \beta_1 Power + \beta_2 Size + \beta_3 Merger + \beta_4 Growth + \beta_5 Acfin + \beta_6 Age + \sum Year + \sum Indu + \varepsilon \quad (7-4)$$

其中，Power 直接用前文构建的高管权力指标来替代，Fin_ ICD 表示财务报告层面内部控制缺陷，指直接导致财务报表或其附注中的信息出现错误的内部控制缺陷，如财务报告生成流程的缺陷、报表重述和非标审计意见。存在财务报告层面内部控制缺陷时取 1，否则取 0；Com_ ICD 表示公司层面内部控制缺陷，指影响公司目标或间接导致财务漏报、错报的内部控制缺陷，依据 COSO 内部控制五要素分为 5 方面内控缺陷，如重大授权问题、审计委员会运作无效、违规担保、资金使用存在漏洞、违规贷款、信息披露不实、内部审计部门职能不完善等影响公司运营的根本性控制问题。若存在公司层面内部控制缺陷时，Com_ ICD 取1，否则取 0。

表7-8 高管权力对不同性质内部控制缺陷的影响

变量	ICD	Fin_ ICD	Com_ ICD
Power	0.012* (2.015)	0.016** (1.173)	0.008* (0.715)
Size	-0.014* (-2.105)	-0.217** (-1.581)	-0.268 (-1.751)
Merg	0.026* (1.032)	0.042* (2.231)	0.035** (1.617)
Growth	0.048 (2.212)	0.032*** (1.625)	-0.051*** (-0.712)
ACfin	-0.205* (-1.514)	-0.214*** (-2.413)	-0.307** (-2.501)
Age	0.051 (4.153)	0.046 (1.216)	0.055 (1.011)
Year	控制	控制	控制
Indu	控制	控制	控制
Nagelkerke R^2	0.552	0.499	0.561

为了便于比较分析高管权力对不同性质内部控制缺陷的影响，表7-8列示了当因变量分别是ICD、Fin_ ICD和Com_ ICD，自变量是Power综合指标时，模型（7-1）、模型（7-3）和模型（7-4）的回归结果。

从表7-8中可以看出，当因变量是财务报告层面内控缺陷Fin_ ICD时，Power的系数在5%水平上显著为正，当因变量是公司层面内控缺陷Com_ ICD时，Power系数在10%水平上为正。这表明同公司层面内控缺陷相比较，高管权力对财务报告层面内控缺陷表现出更为明显的正向影响，即随着高管权力的增强，财务报告层面内控缺陷存在的可能性增大。原因可能在于从财务报告信息的形成机理上看，它是管理者行为的体现和反映，出于自利等目的，在高管权力增强的情况下，高管有动机和能力通过会计选择和盈余管理等方式操纵公司的真实业绩信息，会对公司财务报告内部控制产生影响，以便其实施机会主义行为。由此，在我国上市公司实际上未全面开展内部控制审计（据中国内部控制网统计，2012年A股上市公司披露内部控制审计报告的比例仅为60.92%），及存在操纵性披露内部控制缺陷信息的现状下，外部利益相关者难以合理判断企业内部控制的优劣，由此可以从识别表征高管权力的相关信息入手，通过高管权力与内部控制缺陷之间的关系，对企业内部控制运行的质量进行评判，以便采取措施推动内控建设。

7.6.2 市场化改革对不同特质企业高管权力与内部控制缺陷关系的影响

从理论上讲，外部市场化改革对于不同类型的企业发挥的治理作用存在差异，一些类型的企业，如保护性行业的企业、国有企业等，其自身特征可能会限制市场力量作用的发挥，从而导致市场化改革对于高管权力行为的塑造效应不明显。因此，有必要深入研究不同特质企业中，高管权力、市场化改革对内部控制缺陷的影响。

1. 不同行业属性的高管权力、市场化改革对内部控制缺陷的影响

保护性行业与竞争性行业在价格管制、进入壁垒等方面存在显著差异。一方面，保护性行业内的企业受到国家政策性的支持较多，企业面临的环境不确定性较小，高管工作的复杂性较低，则高管能力对于企业业绩的边际贡献减小，高管薪酬—业绩敏感性较低（Karuna，2007），相应地增大了监督和激励高管的难度，增大了高管实施攫取控制权私利的机会主义行为的可能性。另一方面，尽管市场化改革改变了市场经营环境，市场竞争强度增大，提高了市场化运作效率，但在国家行业进入管制、价格管制等政策保护下，保护性行业内的企业面临较小的市场竞争压力，市场竞争产生的信息揭示效应及清算威胁效应降低，市场竞争对高管权力的治理效应减小。由此得到假设：相对于竞争性行业，市场化改革对保护性行业内高管权力与内部控制缺陷之间关系的影响程度较轻。

2. 不同产权性质的高管权力、市场化改革对内部控制缺陷的影响

在我国特殊制度背景下，中央国企主要集中于行政垄断性行业，其内部控制建设直接受中央国资委管控，高管属政府任命，有行政级别，Chen 等（2011）研究发现，高管出于政治晋升的职业诉求，倾向于利用企业承担政府赋予的就业和社会稳定等政策性目标。多任务目标模糊了企业绩效与管理者努力程度之间的因果关联，增加了市场监督高管的难度，受市场力量的影响较小。地方国企受地方国资委等政府部门的管控，潘红波等（2008）研究发现，地方政府因其自身政策性任务与政治晋升目标，对受其管控的地方国有企业的干预程度较高。地方国企更多涉及的是竞争性行业，受外部市场环境的影响要高于国企。在市场化改革较好的地区，政府干预程度降低，市场竞争强度增大，地方国企需要通过良好运营来防控风险，同时地方国企承担的社会性负担减少，会在一定程度上减少内部控制运行中高管攫取私利的机会主义行为。而民营企业作为完整的市场竞争主体，对外部治理环境反应敏感。市场化进程越高，市场竞争越公平有序，为减小企业运营状况不佳导致的自身被更换的概率和满足政府监管的要求，民营企业高管会理性地通过加强内控建设而非构建政治关联等非市场渠道，增强企业的风险防范能力。由此得到假设：在不同产权性质的企业中，市场化改革对高管权力的塑造效应存在差异，即市场化改革对高管权力与内部控制缺陷之间关系的调节作用在地方国企和民营企业中表现得更明显。

借鉴 Aharony 等（2000）的研究方法，以行业属性为标准，将样本公司划分为 2 组，即竞争性行业组与保护性（非竞争性）行业组。其中，保护性行业主要有石油化工类、能源类和原材料类行业，其余行业为竞争性行业。具体地，根据证监会的行业分类标准，保护性行业主要包括采掘业、石油加工及炼焦业、电力行业、煤气及水的生产与供应业等行业。此外，将样本公司按产权性质分为中央国企、地方国企和民营企业 3 组。分别对模型（7－2）进行分组检验，回归结果汇总于表 7－9。

表 7－9　市场化改革对不同特质企业高管权力与内部控制缺陷关系的影响

变量	行业归属		产权性质		
	保护性行业	竞争性行业	中央国企	地方国企	民营企业
Power	0.004* (2.805)	0.002* (2.052)	0.005 (4.211)	0.001* (1.072)	0.006* (1.214)
Market	−0.013 (−1.201)	−0.017* (−2.017)	−0.016 (−1.021)	−0.020* (−5.371)	−0.011* (−2.115)
Market * Power	−0.003* (−4.319)	−0.021* (−1.104)	−0.002 (−2.016)	−0.009* (−1.117)	−0.016** (−2.111)

续表

变量	行业归属		产权性质		
	保护性行业	竞争性行业	中央国企	地方国企	民营企业
Size	-0.033* (-2.141)	-0.041* (-1.015)	-0.028* (-2.033)	-0.050* (-1.103)	-0.031* (-3.131)
Merg	0.023* (1.701)	0.027* (2.401)	0.034* (1.025)	0.026* (2.141)	0.021* (2.271)
Growth	0.063 (3.613)	0.057 (1.225)	0.050 (1.039)	0.052 (2.105)	0.054 (1.516)
ACfin	-0.307** (-3.301)	-0.261** (-2.602)	-0.214** (-2.116)	-0.304** (-2.104)	-0.311** (-3.406)
Age	0.062 (1.213)	0.057 (1.305)	0.066 (3.011)	0.071 (5.013)	0.049 (2.161)
Year/Indu	控制	控制	控制	控制	控制
Nagelkerke R^2	0.524	0.561	0.522	0.525	0.539
N	426	2710	472	1652	1012

从表7-9的回归结果可以看出，不同行业属性样本组中，市场化改革与高管权力交互项的系数均在10%水平上显著为负，但保护性行业的系数0.003明显小于竞争性行业额系数0.021，表明市场化改革对竞争性行业高管权力形成的塑造效应更明显。不同产权性质样本组中，在中央国企样本组中，市场化改革与高管权力交互项的系数为负，但影响不显著，在地方国企和民营企业样本组中，交互项的系数显著为负，表明市场化改革对中央国企高管权力的塑造效应不明显。原因可能在于中央国企的内部控制建设受中央国资委等政府部门的直接领导，且多属行政垄断性行业，高管的决策行为不易受企业所在省区市场化程度的影响。因此，市场化改革对中央国企高管权力寻租的约束治理效应较小，支持前文假设。

7.7 本章小结

本章以外部市场化改革影响高管权力的视角，基于市场化改革推进的制度背景，检验了高管权力对内部控制缺陷的影响，市场化改革与高管权力的交互作用对内部控制缺陷的影响。结果发现：第一，高管权力构成的 3 个维度指标及高管权力综合指标对内部控制缺陷有显著的正向影响，且将内控缺陷进行分类后，发现与公司层面内部控制缺陷相比，高管权力对财务报告层面内控缺陷的影响表现得更加明显；第二，市场化进程提高能够抑制高管权力对内部控制缺陷的正向影响程度；第三，市场化进程提高对高管权力形成的塑造效应，即对高管权力与内部控制缺陷之间正向关系的抑制程度在不同特质的企业中有差异。相较于保护性行业，这种抑制效应在竞争性行业中更显著，相较于中央国企，在地方国企和民营企业中抑制效应更明显。

由此得到启示：在企业内部控制实施过程中，应坚持完善内部治理和推进市场化改革内外并重的原则，对不同特质企业实施分类治理，强化对高管的权力的监督和约束，遏制高管权力滥用和腐败，以减少内部控制缺陷存在的可能性。具体可以通过以下途径：一是完善公司内部治理，优化高管权力配置结构，合理制约高管权力。注重董事会与高管的分权与制衡，限制高管的任职年限或增强对任职期限较长高管的监督，增大公司股权分散度，提高机构投资者持股比例等措施约束高管的权力；二是深化市场化改革，从宏观层面寻求治理高管权力寻租行为的外部机制。减少政府对微观经济活动的干预，提高法治水平和市场化运作效率，完善职业经理人市场，增强市场化改革对高管权力行为的监督治理作用；三是针对不同特质企业实施分类治理，尤其是要加强对垄断性国有企业的改革改制，破除垄断坚冰，采取引进民间资本进入垄断性行业等措施，营造公平公正的市场竞争环境，充分发挥市场对管理层的监督激励作用，制约内部控制运行过程中高管权力的机会主义行为，提高内部控制有效性，减少内部控制缺陷发生率。

第8章

高管权力、内部控制缺陷与非效率投资

8.1 引言

源于信息不对称和代理冲突，在非有效资本市场中，上市公司普遍存在非效率投资，在我国转轨经济时期特殊的制度背景下，源于股东和管理层的委托代理冲突及信息不对称，投资作为一种企业价值增值的重要活动，被管理层扭曲，因权益资本成本及债务约束，上市公司容易出现投资不足；因扩张规模，构建企业帝国等动因，上市公司容易出现过度投资。不论是投资不足还是过度投资，非效率投资都严重阻碍企业的长期可持续发展，损害广大股东的利益。而健全有效的内部控制主要通过对经营活动的控制和法律法规遵循的控制、防止和发现舞弊、保证财务报告的质量并及时提供可靠的财务信息，降低企业与外部投资者的信息不对称，影响企业非效率投资（柳建华，2010；冯宝军等，2013；罗明琦，2014；池国华等，2016）。但内部控制缺陷的存在则难以缓解企业与外部投资者之间的信息不对称，银行会给予存在内部控制缺陷的公司更严格的契约条款，增加了公司的外部融资成本（Kim 等，2011；Costell 等，2011），相应地，内部控制缺陷的存在可能会影响企业的投资效率。且在外部市场化改革逐步推进，高管掌握企业实质控制权的情形下，更有必要探究市场化改革背景下上市公司高管权力影响内部控制缺陷的传导机制产生的非效率投资效应。

8.2 相关文献回顾

关于内部控制缺陷对公司投资行为的研究尚不充分，已有研究集中于内部控制质量对企业投资水平的影响，且得出两类截然不同的研究结论。一类是内部控制可以促进企业缓解非效率投资，如李万福等（2010）基于内部控制、过度投资与财务风险三者之间关系的分析，发现高质量内部控制能够缓解过度投资，进而降低企业因过度投资引致的财务危机发生的可能性，可以通过完善内部控制信息披露，增强投资者保护。李万福等（2011）进一步研究发现，低质量的内部控制会助推企业非效率投资的发生，且公司层面与财务层面的内部控制重大缺陷均会对企业非效率投资产生显著影响。同样地，Cheng 等（2013）研究得出，高质量内部控制能够降低企业非效率投资水平。王治等（2015）实证检验了企业产权性质、内部控制与非效率投资的关系，得出高质量内部控制能够抑制企业非效率投资现象，且对国有企业的抑制效应最强，对地方国企的抑制效应好于中央国企。池国华等（2016）检验了内部控制与 EVA 考核二者对国企非效率投资的作用效果，研究发现内部控制与 EVA 考核对于国企非效率投资能够发挥协同治理效应。另一类是内部控制对于企业非效率投资的作用效果不明显。如于忠泊、田高良（2009）运用内部控制鉴证信息及内部控制自我评价报告信息，进行实证检验得出内部控制对企业非效率投资的抑制作用不明显。

关于高管权力对企业投资行为的影响，国有企业存在“控制人缺位”，高管权力过大时，出于建造“企业帝国”等目的，往往会倾向于进行过度投资（Hart 等，1995）。干胜道等（2014）研究发现，在企业内部治理机制不健全的情形下，高管权力配置结构会影响企业的投资决策，若高管权力较集中，出于攫取控制权私利等目的，高管会降低企业投资效率。谭庆美等（2014）以 2007—2011 年我国主板上市公司为研究对象，实证检验了高管权力综合指标及其各构成指标对企业过度投资的影响，发现高管权力综合指标越大，企业的过度投资现象越严重。高管的组织权力、声望权力及专家权力越大，越有可能进行过度投资。

亦有研究关注了高管权力、内部控制二者对企业非效率投资的影响，如周传丽等（2015）选取 2010—2013 年我国上市家族企业为研究对象，发现健全有效的内部控制能够抑制企业非效率投资，高管集权可以强化内部控制的抑制作用，尤其当高管是家族人员时，这种抑制作用更显著。而内部控制缺陷是内部控制制度设计与执行过程中存在的缺点或不足，内部控制缺陷的存在使得内部控制难以对企业的主要业务活动进行控制，难以合理保证企业的经营效率与效果、资产安全等内部控制目标的实现，相应地，内部控制缺陷的存在势必会对企业非效率投资产生影响。且非效率投资可以划分为意愿性非效率投资和操作性非效率投资，即源于委托代理冲突，企业高管管理者存在以个人利益最大化而非企业价值最大化标准进行的投资决策，使得产生的投资偏离最优投资水平，称之为意愿性非效率投资；而企业高管在具体的投资项目实施过程中出现的操作失误，导致投资偏离最优投资水平，称之为操作性非效率投资（方红星等，2013）。那么，内部控制缺陷对不同类型非效率投资的影响程度是否存在差异？高管权力、内部控制缺陷二者如何影响企业非效率投资？对此有必要进行深入研究。

8.3 理论分析与假设提出

8.3.1 内部控制缺陷对非效率投资影响的理论分析与研究假设

企业对于投资项目的评估、执行、预算等环节的技术性失误或错误是企业发生非效率投资现象的重要原因之一。内部控制的实施主要集中于公司相对低层次、实际运营操作层面，健全有效的内部控制可以发挥企业对投资活动的监控作用，促进企业在投资规划、拟订投资方案、投资项目选择、评估、预算与具体执行等环节，按照规定的授权审批流程进行投资项目决策；可以促进企业管理层及员工之间的信息传递、公司各部门间的权责匹配及投资业务流程的高效执行，进而能够降低因操作层面原因导致的非效率投资现象的发生率（方红星等，2013）。而内部控制缺陷的存在，使得难以降低企业的信息不对称程度，一是会导致企业在进行投资项目评估时，出现对于投资项目未来现金流水平、风险大小、净现值等相关指标的失真，相应地以此为依据做出的投资决策失误，导致非效率投资；二是投资项目实际执行过程中，易出现信息传递与沟通协作障碍、部门权责划分不匹配、资金预算偏离实际需求量等现象，进而导致非效率投资。由此提出假设 H1：

假设 H1：存在内部控制缺陷的上市公司，非效率投资（过度投资或投资不足）现象较严重。

进一步地，非效率投资的两种类型——投资不足与过度投资产生的经济后果不同，有必要详细分析内部控制缺陷对不同类型非效率投资的影响。我国国有企业普遍存在预算软约束问题，相较于民营企业，在进行投资决策时会有较充足的资金来源，且在政府干预的“扶持之手”作用下，对于投资失败的风险承担能力相对较强；在政府干预的“掠夺之手”作用下，国有企业的投资活动会受到诸如缓解就业压力、维护社会稳定等协助实现政府政治、经济目标因素的影响，因此，国有企业倾向于实施投资活动。此外，因企业管理者所获政治升迁、社会地位、在职消费等私人收益与企业规模存在正相关关系，出于“理性经济人”的自利动机，国有企业高管更倾向于进行对外投资。因此，在客观方面投资资金充裕、主观方面高管机会主义动机的综合作用下，国有企业较容易存在意愿性过度投资现象。健全有效的内部控制能够发挥对于企业管理层的较好监督约束作用，在一定程度上规范管理层的投资决策行为，而内部控制缺陷的存在，往往会使得对于管理层的约束成为薄弱环节，尤其是在国企投资资金充足、投资风险承担能力较强的客观条件下，难以抑制高管的投资行为，发生过度投资现象的概率较大。相对于国有企业而言，民营企业则更多地存在自由资金不足，同时受到外部金融机构、市场资金的约束较多，较容易出现投资不足现象。由此提出假设 H1a：

假设 H1a：存在内部控制缺陷的上市公司，国有企业发生过度投资现象较严重，而民营企业发生投资不足现象较严重。

不同产权性质的企业，内部控制建设质量存在差异，国有企业直属国资委监管，用于内部控制建设的资源较充分，内部控制等各项制度相较于民营企业更加完善（刘启亮等，2012），存在内部控制缺陷的概率较小，即使发现内部控制缺陷，进行内部控制缺陷修正的速度与力度也会高于民营企业。此外，相较于国有企业，民营企业受到的外部监管较少，企业高管、大股东兼任等现象较多，在存在内部控制缺陷的情形下，更容易发生用于利益侵占的非效率投资行为。由此提出假设 H1b：

H1b：相较于国有企业，民营企业存在的内部控制缺陷对其非效率投资的影响更显著。

8.3.2 高管权力、内部控制缺陷对非效率投资的影响

我国上市公司处在外部监督约束力相对较弱、内部治理机制尚未充分发挥治理作用的情形下，董事与经理层人员高度重叠，高管权力越膨胀，越能够掌握公司实质控制权，越有能力弱化董事会等内部监督机制对其机会主义行为的制约作用，高管就越有可能凌驾于内部控制之上，强权高管运用权力出于个人主观动机，如获取较高薪酬利益、政治晋升或连任、社会荣誉或地位等因素；或客观方面，如公司层面的操控股票价格、融资便利等因素。在“权力”“动机”“条件”兼具的综合作用下，强权高管往往会在内部控制制度设计、执行过程中凌驾于规章制度之上，通过对内部控制缺陷的影响产生较强的非效率投资效应。由此提出假设 H_2：

假设 H_2：高管权力增大能够增强内部控制缺陷对非效率投资的正向影响作用。

8.4 研究设计

8.4.1 样本与数据

本研究以2009—2013年沪、深两市A股上市公司为研究对象，剔除：金融类及数据缺失的公司，最终得到3278个样本观测值。数据来源如下：关于内部控制缺陷的信息来自巨潮资讯网、证券交易所官方网站及CSMAR数据库，其余数据来自CSMAR、RESSET、CCER及Wind数据库。为消除极端值的影响，对连续变量样本进行了上下5%的Winsorize缩尾处理。

8.4.2 变量选择和定义

1. 被解释变量

非效率投资（$Ine-Inv_{i,t}$）。借鉴Richardson（2006）和方红星等（2013）

的方法，先构建模型计算公司的期望投资水平，再用该回归模型估计出的残差来度量非效率投资（正的残差为投资过度，负的残差为投资不足）

$$Inv_{i,t}=\alpha_0+\alpha_1 Growth_{i,t-1}+\alpha_2 Lev_{i,t-1}+\alpha_3 Cash_{i,t-1}+\alpha_4 Age_{i,t-1}+\alpha_5 Size_{i,t-1}+\alpha_6 Ret_{i,t-1}+\alpha_7 Inv_{i,t-1}+\varepsilon_{i,t} \quad (8-1)$$

其中，公司投资总额 Inv（等于固定资产净额、长期股权投资净额和无形资产的年度增加额，除以平均净资产净额）、成长机会 Growth、资产负债率 Lev、现金持有量 Cash（现金持有量除期初固定资产净额）、上市年数 Age、公司规模 Size、考虑现金红利再投资的年回报率 Ret、并控制行业和年度的影响。使用样本公司数据对模型（8－1）进行回归分析，得到 i 公司 t 年的期望投资水平 Exp－Invi，t，然后用公司的实际投资水平减去期望投资水平，得出 i 公司 t 年的非效率投资 Ine－Invi，t。按照残差计算绝对值表示非效率投资水平，若公司的非效率投资水平大于 0，则表明公司过度投资 Overinv；若公司的非效率投资水平小于 0，则表明公司投资不足 Underinv，并对其取绝对值 | Underinv | 。

2. 解释变量

内部控制缺陷（ICD）。采用前文“5.4 研究设计”中判定企业是否存在内部控制缺陷的方法进行识别。

高管权力（Power）。采用前文第五章研究中构建的高管权力指标来衡量。

3. 控制变量

本章主要选取如下控制变量：董事会规模（Bsize）、公司规模（Size）、公司成长性（Growth）、自由现金流量（FCF）、管理费用率（Adm）、大股东占款（Msa）、筹资现金流（Fcf）、审计师变更（Auc）、年度（Year）和行业（Indu）虚拟变量。具体各变量定义见表 8－1。

表 8－1 变量定义及说明

变量类型	变量名称	变量符号	变量定义及说明
被解释变量	过度投资	Overinv	模型（8－1）中结果大于 0 的回归残差
	投资不足	| Underinv |	模型（8－1）中结果小于 0 的回归残差的绝对值

续表

变量类型	变量名称	变量符号	变量定义及说明
解释变量	内部控制缺陷	ICD	若公司发生以下任一种或几种情况，认为内部控制存在缺陷取1，否则为0：①年报收到非标审计报告；②内控自评报告或内控鉴证报告中存在否定语句；③发布会计差错更正声明；④违规受到证监会处罚
	高管权力	Power	采用主成分分析法合成的高管权力综合指标
控制变量	公司规模	Size	期末总资产取自然对数
	公司成长性	Growth	年度营业收入总额的增长率
	自由现金流量	FCF	企业t年的经营现金流减折旧，摊销和预期的t年新增投资后的FCF余额与平均总资产的比值
	管理费用率	Adm	管理费用在主营业务收入中所占的比例
	大股东占款	Msa	其他应收款在总资产中所占的比例
	筹资现金流	Fcf	筹资活动的现金流量净额在总资产中所占的比例
	年度	Year	虚拟变量
	行业	Indu	虚拟变量

8.4.3 模型构建

为检验内部控制缺陷对非效率投资（过度投资与投资不足）的影响，构建回归模型（8－1）。

$$
\begin{aligned}
Overinv/|Underinv| = {} & \alpha_0 + \alpha_1 ICD_{i,t} + \alpha_2 Size_{i,t} + \alpha_3 Growth_{i,t} + \alpha_4 FCF_{i,t} + \\
& \alpha_5 Adm_{i,t} + \alpha_6 Msa_{i,t} + \alpha_7 Fcf_{i,t} + \sum Year + \sum Indu + \varepsilon_{i,t} \qquad (8-1)
\end{aligned}
$$

为检验高管权力对内部控制缺陷影响的非效率投资效应，在已构建模型（8－1）的基础上，加入高管权力与内部控制缺陷的交互项，构建模型（8－2）。

$$
\begin{aligned}
Overinv/|Underinv| = {} & \alpha_0 + \alpha_1 ICD_{i,t} + \alpha_2 Power_{i,t} + \alpha_3 ICD_{i,t} \times * Power_{i,t} + \\
& \alpha_4 Size_{i,t} + \alpha_5 Growth_{i,t} + \alpha_6 FCF_{i,t} + \alpha_7 Adm_{i,t} + \alpha_8 Msa_{i,t} + \\
& \alpha_9 Fcf_{i,t} + \sum Year + \sum Indu + \varepsilon_{i,t} \qquad (8-2)
\end{aligned}
$$

8.5 实证结果

8.5.1 变量描述性统计及相关性分析

1. 主要变量的描述性统计结果

根据非效率投资模型，计算得出预期投资水平，由实际投资水平与预期投资水平的差额得出非效率投资水平 Ine_ inv （Overinv/｜Underinv｜），表 8－2 是主要变量的描述性统计结果。

表 8－2 的结果显示，2009—2013 年样本公司中有 1284 家上市公司存在过度投资现象，占全部样本公司的 39.17%，有 1994 家上市公司存在投资不足现象，占全部样本公司的 60.83%。这一数据意味着我国上市公司存在的非效率投资现象主要表现为投资不足，与张功富等（2009）的研究结论相一致。其中，过度投资的均值为 0.035，最大值是 0.403，最小值是 0.001；投资不足的均值为－0.022，最大值和最小值分别是－0.004 和－0.117，可以看出，过度投资样本公司的整体均值大于投资不足样本公司的整体均值，表明存在过度投资现象的上市公司非效率投资程度大于投资不足上市公司的非效率投资程度。总之，从非效率投资总体公司的数量来看，我国上市公司中存在投资不足现象的公司要多于发生过度投资的公司，但就非效率投资的程度来讲，过度投资的非效率投资程度高于投资不足的非效率投资程度，与池国华等（2016）的研究结论基本一致。变量 ICD 在两组样本公司中差异不明显，初步表明内部控制缺陷对于上市公司投资不足与过度投资 2 种非效率投资现象均会产生影响。

表 8－2 主要变量描述性统计

Panal A 过度投资

变量	样本量	均值	中位数	标准差	最小值	最大值
Overinv	1284	0.035	0.019	0.012	0.001	0.403
Power	1284	0.329	0.281	0.043	0.126	0.412
ICD	1284	0.506	0.425	0.024	0.335	0.607
Size	1284	21.225	18.932	1.016	16.781	24.012

续表

Panal A 过度投资						
变量	样本量	均值	中位数	标准差	最小值	最大值
Growth	1284	0.417	0.472	0.801	0.329	0.548
FCF	1284	0.021	0.019	0.301	0.013	0.042
Adm	1284	0.071	0.052	0.921	0.041	0.093
Msa	1284	0.012	0.022	1.712	0.009	0.029
Fcf	1284	0.058	0.041	0.809	0.033	0.072
Panal B 投资不足						
变量	样本量	均值	中位数	标准差	最小值	最大值
Underinv	1994	-0.022	-0.016	0.036	-0.117	-0.004
Power	1994	0.274	0.311	2.145	0.182	0.453
ICD	1994	0.473	0.393	0.061	0.298	0.520
Size	1994	20.153	16.713	1.664	12.911	23.014
Growth	1994	0.371	0.296	2.801	0.221	0.461
FCF	1994	0.011	0.013	0.017	0.007	0.030
Adm	1994	0.056	0.042	0.114	0.028	0.071
Msa	1994	0.016	0.021	0.106	0.009	0.225
Fcf	1994	0.005	-0.008	0.192	-0.151	0.329

2. 变量间相关性分析

各变量的Pearson相关系数矩阵显示，除Age外，解释变量ICD与被解释变量（Overinv/|Underinv|）之间的关系，及各控制变量与被解释变量之间的关系与预测关系相一致。从相关系数矩阵的数值分析可以看出，各变量之间的相关系数小于0.5，变量间不存在严重的多重共线性问题，能够进行回归分析。

8.5.2 内部控制缺陷对非效率投资影响的回归结果

表8-3是模型（8-1）的实证检验结果，为了更具体地检验内部控制缺陷对不同类型非效率投资的影响差异，及对不同产权性质上市公司非效率投资的影响差异，将样本组分为过度投资样本组与投资不足样本组2组，并进一步地根据产权性质，将2个样本组分为国有企业与民营企业两

类。从表 8 -3 中可以看出，将因变量非效率投资分为过度投资（Overinv）与投资不足（| Underinv |）两种情况，对于过度投资 Overinv 的检验结果，全样本公司 ICD 的回归系数在 5% 水平上显著为正，国有企业 ICD 的回归系数与 Overinv 在 1% 水平上显著为正，且民营企业样本组 ICD 的回归系数在 10% 水平上显著为正；对于投资不足（| Underinv |）的检验结果，全样本公司 ICD 的系数与| Underinv | 在 5% 水平上显著为正，国有企业样本组 ICD 的回归系数在 10% 水平上显著为正，民营企业样本组 ICD 的回归系数 1% 水平上显著为正。

表 8 -3　内部控制缺陷对非效率投资影响的回归结果

变量名称	Overinv			| Underinv |		
	全样本	国企	民企	全样本	国企	民企
ICD	0.002** (2.450)	0.001*** (2.702)	0.001* (2.601)	0.001** (2.953)	0.001* (2.803)	0.003*** (2.771)
Size	-0.002 (-3.241)	-0.003 (-3.025)	-0.002 (-3.785)	-0.003** (-2.910)	-0.001* (-2.742)	-0.002** (-2.803)
Growth	-0.003 (-0.021)	-0.002 (-0.018)	-0.005 (-0.034)	-0.002 (-0.031)	-0.002 (-0.025)	-0.002 (-0.050)
FCF	0.142** (4.721)	0.135*** (3.303)	0.110* (3.951)	-0.021** (-2.401)	-0.031** (-3.112)	-0.029*** (-2.208)
Adm	-0.002 (-0.150)	-0.001 (-0.127)	-0.003 (-0.209)	0.001 (0.732)	0.001 (0.817)	0.002 (0.785)
Msa	-0.059 (-1.101)	-0.079 (-1.831)	-0.081 (-1.307)	-0.001 (-0.794)	-0.002 (-0.915)	-0.001 (-1.003)
Fcf	0.023** (7.014)	0.019*** (5.910)	0.010* (9.273)	-0.011 (-0.720)	-0.009 (-0.565)	-0.082 (-0.910)
Year	控制	控制	控制	控制	控制	控制
Indu	控制	控制	控制	控制	控制	控制
AdjR - squared	0.185	0.206	0.197	0.203	0.211	0.202

不论因变量是过度投资（Overinv）还是投资不足（| Underinv |），全样本回归结果表明存在内部控制缺陷的上市公司，非效率投资现象（包括过度投资与投资不足）较严重，验证假设 H1，过度投资（Overinv）的

回归结果表明，我国国有上市公司的内部控制缺陷能够显著地增强其过度投资现象；投资不足（| Underinv |）的回归结果表明，对于民营上市公司，内部控制缺陷则显著增强其投资不足现象，支持假设 H1a。且相较于国有企业，民营企业内部控制缺陷对于其非效率投资现象的影响更加明显，支持假设 H1b。由此得出对国有企业与民营企业进行分类治理，加强内部控制规范的贯彻落实，以降低内部控制缺陷发生率，进而缓解企业非效率投资现象的监管启示。

8.5.3 高管权力、内部控制缺陷对非效率投资的影响

表8-4是模型（8-2）的检验结果，可以看出上市公司高管权力 Power 的回归系数在 10% 水平上显著为正，表明上市公司高管权力越大，非效率投资现象越严重。且对于过度投资样本公司和投资不足样本公司，民营企业高管权力 Power 与 Overinv 及 | Underinv | 的回归系数均显著，表明民营企业高管权力对非效率投资的影响更显著。意味着高管权力膨胀，在自利动机的驱使下，会通过非效率投资方式攫取私利。进一步地，高管权力与内部控制缺陷交互项 Power * ICD 的回归系数在 10% 水平上显著为正，表明上市公司高管权力膨胀会增大内部控制缺陷对非效率投资的正向影响，支持假设 H2。由此得出，应采取措施合理配置高管权力结构，从源头上抑制高管权力膨胀，以降低高管为最大化自我利益而凌驾于内部控制之上，使内部控制失效，增大非效率投资发生率的现象。

表8-4 高管权力、内部控制缺陷对非效率投资的影响

变量名称	Overinv		| Underinv |	
	国有企业	民营企业	国有企业	民营企业
Power	0.001* (1.723)	0.003* (3.115)	0.002* (2.011)	0.001* (2.146)
ICD	0.012** (1.401)	0.005* (2.901)	0.007* (3.011)	0.002** (1.522)
Power * ICD	0.005* (1.503)	0.003* (2.216)	0.004* (1.515)	0.004* (2.173)

续表

变量名称	Overinv		| Underinv |	
	国有企业	民营企业	国有企业	民营企业
Size	-0.003 (-3.011)	-0.001 (-2.146)	-0.002** (-2.514)	-0.004** (-1.522)
Growth	-0.001 (-0.217)	-0.002 (-0.452)	-0.001 (-0.193)	-0.003 (-0.372)
FCF	0.113*** (3.810)	0.152*** (5.614)	-0.209*** (-2.232)	-0.173*** (-2.573)
Adm	-0.001 (-0.438)	-0.003 (-0.292)	0.001 (0.316)	0.002 (0.537)
Msa	-0.031 (-1.512)	-0.050 (-1.904)	-0.073 (-3.184)	-0.069 (-2.193)
Fcf	0.016*** (6.801)	0.015*** (4.732)	-0.091 (-0.903)	-0.065 (-0.781)
Year	控制	控制	控制	控制
Indu	控制	控制	控制	控制
AdjR-squared	0.206	0.187	0.221	0.193

8.5.4 稳健性检验

考虑到存在内部控制缺陷公司与不存在内部控制缺陷公司本身特质的差异，这些差异可能会影响高管权力及非效率投资，模型可能会产生内生性问题，采用 Heckman（1979）两阶段法进行修正，将 Heckman 检验所得选择系数代入检验模型，重新进行回归分析。此外，对于投资过度和投资不足的精确计量问题，借鉴李万福等（2010）在资本投资模型中采用的加长时间跨度的方法，进一步计算企业的非效率投资程度，在所构建的计量模型中利用这一结果进行回归，同时，鉴于 2010 年后推行的 EVA 业绩考核制度，会在一定程度上抑制国有企业的过度投资程度，采用控制宏观制度因素影响的方法，以确保实证检验结果的可靠性。

8.6 拓展性检验

存在内部控制缺陷的上市公司，进行投资决策时的违法违规风险和具体投资行为实施过程中的操作偏离最优投资决策的风险都比较高，容易导致企业非效率投资，严重损害投资者利益，相应地，外部监管部门为了维持资本市场健康可持续发展，发现上司公司存在内部控制缺陷，则会责令上市公司进行整改。对于上市公司而言，内部控制缺陷信息的暴露亦会给公司带来融资困境等风险。基于此，上市公司在监管部门的要求下，出于公司可持续发展的长远考虑，对内部控制缺陷进行整改。由此，相较于未进行缺陷整改的存在内部控制缺陷的上市公司，实施内部控制缺陷整改的上市公司进行的投资决策行为更接近最优化投资水平。提出假设 H3：内部控制缺陷整改能够降低企业非效率投资水平。

为了研究存在内部控制缺陷的上市公司实施的内部控制缺陷整改（ICD_ Rect）是否对非效率投资有治理效应，借鉴叶建芳（2012）、Cheng 等（2013）的研究方法，若存在内部控制缺陷的上市公司当年存在的内部控制缺陷在下一年没有发生，则表明内部控制缺陷已得到整改，定义该变量值为 1，否则为 0。具体地：①第 t－1 年发生财务重述的上市公司，在第 t 年不存在财务重述；②第 t－1 年因违规受到证监会处罚的上市公司，在第 t 年没有受到处罚；③第 t－1 年收到非标准无保留意见审计报告，在第 t 年收到标准无保留意见审计报告；④第t－1年对外披露内部控制缺陷，在第 t 年未对外披露内部控制缺陷。若上市公司发生上述任一种情况，则意味着存在内部控制缺陷整改（ICD_ Rect）。构建模型（8－3）

$$Overinv/|Underinv| = \alpha_0 + \alpha_1 ICD\_Rect_{i,t} + \alpha_2 Size_{i,t} + \alpha_3 Merg_{i,t} + \alpha_4 Growth_{i,t} + \alpha_5 Acfin_{i,t} + \alpha_6 Age_{i,t} + \sum Year + \sum Industry + \varepsilon_{i,t} \quad (8-3)$$

2009—2013 年的 3278 个样本公司中，存在内部控制缺陷的样本公司是 613 个，占比 18.7%，其中，进行内部控制缺陷整改的样本公司是 547 个，整改比例为 89.2%，初步表明上市公司内部控制缺陷整改效果较好。主要变量描述性统计见表 8－5。

表 8 -5　主要变量描述性统计

变量	Mean	Std. Dev.	Min	Max
ICD_ Rect	0. 160	0. 424	0	1
Size	19. 813	1. 262	10. 073	24. 031
Growth	0. 418	2. 216	0. 265	0. 723
FCF	0. 019	0. 513	0. 007	0. 039
Adm	0. 058	0. 736	0. 032	0. 081
Msa	0. 016	1. 436	0. 007	0. 032
Fcf	0. 049	0. 932	0. 017	0. 080

在进行模型回归分析前，对变量进行 Pearson 和 Spearman 相关性检验，得出被解释变量、解释变量及各控制变量之间的相关系数均小于 0.5，表明变量间不存在多重共线性问题，能够进行回归分析。表 8 -6 是模型(8 -3)的回归检验结果。

表 8 -6　内部控制缺陷整改对非效率投资影响的回归结果

变量名称	Overinv	| Underinv |
ICD_ Rect	-0. 001 ** (-1. 921)	-0. 001 * (-1. 825)
Size	-0. 002 (-1. 813)	-0. 001 (-1. 742)
Growth	-0. 001 (-0. 032)	-0. 002 (-0. 027)
FCF	0. 125 ** (2. 173)	0. 108 ** (2. 320)
Adm	-0. 002 (-0. 183)	-0. 001 (-0. 207)
Msa	-0. 0519 (-2. 108)	-0. 0353 (-2. 304)
Fcf	0. 017 ** (3. 102)	0. 021 ** (2. 437)
Year	控制	控制
Indu	控制	控制
AdjR - squared	0. 215	0. 220

表8－6显示，内部控制缺陷整改ICD_ Rect与过度投资Over_ inv的回归系数在5%水平上显著负相关，ICD_ Rect与投资不足|Underinv|的回归系数在10%水平上显著正相关，表明对于存在内部控制缺陷的上市公司，在第二年实施的内部控制缺陷整改，对于非效率投资有治理效应，能够降低其非效率投资水平，包括过度投资与投资不足，支持假设H3。

8.7 本章小结

本章考虑到内部控制缺陷的存在增加了企业信息不对称而产生的道德风险和逆向选择，会影响企业进行的投资决策，检验了内部控制缺陷对非效率投资的影响，并研究了高管权力通过对内部控制缺陷影响引致的非效率投资效应。结果发现：第一，存在内部控制缺陷的上市公司，非效率投资现象较严重，相较于国有企业，民营企业内部控制缺陷对非效率投资的影响更显著，且存在内部控制缺陷的国有企业，过度投资现象较严重，民营企业投资不足现象较严重；第二，高管权力增大能够增强内部控制缺陷对非效率投资的正向影响作用。进一步地，企业实施的内部控制缺陷整改能够降低其非效率投资水平，包括投资不足和过度投资。由此得到在企业内部控制实施过程中，应对不同特质企业实施分类治理，加强对高管投资意愿的正确引导与规范，强化对高管权力的监督和约束，以增强内部控制规范的落地效果，减少内部控制缺陷发生率，尤其要注重加强以内部控制缺陷整改为基本途径，降低企业非效率投资水平的监管启示。

第 9 章

研究结论与展望

9.1 研究结论

企业高管在内部控制制度设立、执行和评价等系列过程中起主导作用，源于现代企业制度的委托代理冲突，作为代理人的企业管理者与作为委托人的股东之间的目标函数不一致，根据理性经济人假设，企业高管存在最大化自我利益的动机，而制衡性原则是内部控制制度设立的重要原则之一，健全的内部控制会对高管机会主义行为产生制约作用，设计或运行过程中存在漏洞的内部控制对高管的约束作用将大大减弱。公司治理是内部控制运行的环境要素之一，而我国上市公司普遍存在内部治理结构虽不断完善，但实际并未充分发挥治理效果的现实（黄凯南，2012）。即企业的股东大会形同虚设，董事会中独立董事的设置多停留在满足监管要求的层面，董事会履行监督不足；监事会往往被边缘化，监督作用未充分发挥。由于激励不相容与信息不对称，在我国国有上市公司管理者通常掌握企业实际控制权的情形下，高管权力的增大可能会弱化董事会、内外部审计监督等权力监督机制的治理效力，凌驾于内部控制之上，由此即使是制度设计良好的内部控制，也不会得到有效执行，其实施效果也会大打折扣，对企业经理人的制约作用会降低。同时，随着渐进式市场化改革的推进，市场化进程逐步加快，对企业高管权力的监督约束力度增大，势必会对高管权力形成塑造效应，影响内部控制实施中高管权力的作用效果。

此外，非效率投资是困扰我国企业的顽疾，极大地损害了广大股东的利益。源于股东和管理层的委托代理冲突，管理者忽视了投资作为价值增值的重要活动，导致我国企业的投资存在投资效率低下的状况（李延喜等，2013；赵瑞光，2016）。委托代理问题和信息不对称问题是影响企业投资效率的最主要经济学动因。而内部控制缺陷则增加了企业信息不对称而产生的道德风险和逆向选择，影响企业经营的效率和效果，产生了信贷约束等经济后果（Kim 等，2011；刘焱等，2013；刘中华等，2015），相应地，企业的投资效率亦会受到影响。因此，有必要探究市场化改革背景下国有上市公司高管权力对内部控制缺陷影响的非效率投资效应。

鉴于此，本研究以 2009—2013 年沪、深两市 A 股上市公司为研究对象，以高管权力为基点，多层次视角剖析企业高管权力对内部控制缺陷的影响机理及其经济后果，得到以下研究结论：

第一，挖掘上市公司高管权力对内部控制缺陷影响的深层原因。包括企业高管与董事会的博弈分析，企业高管、会计师事务所与证监会的多阶段动态博弈分析。通过建立博弈模型，综合分析了企业内部控制制度设计及执行过程中的企业高管与董事会，及企业高管、会计师事务所、证监会的博弈策略及其对内部控制运行的影响，得出企业内部控制缺陷的存在源于委托代理问题引致的信息不对称，企业高管与内部董事会的博弈均衡、与外部会计师事务所及证监会的博弈均衡的结果。

第二，深入分析企业高管权力影响内部控制缺陷的作用机理。包括：一是企业高管权力、董事会特征对内部控制缺陷的影响。检验结果发现董事会独立性对内部控制缺陷有负向影响，但不显著，董事会稳定性和异质性对内部控制缺陷有显著的负向影响。其中，董事会中独立董事所占比例普遍接近于独立董事的建立标准 1/3，董事会独立性在各个公司间差别不大，由此对内部控制缺陷的影响不显著。董事会稳定性越强，意味着董事会对企业管理层的监督治理能力越好，越能减少内部控制缺陷的存在。董事会异质性越高，越能提高董事会的决策质量，由此增强内部控制的实施效果。董事会审计委员会的设立时间越长，越能够降低内部控制缺陷存在的可能性。但高管权力的增大能够削弱董事会的治理效力，抑制董事会特征对内部控制缺陷存在可能性的降低作用；二是高管权力、审计监督特征对内部控制缺陷的影响。其中内部审计监督特征方面，内部审计部门独立性越高，内部审计人员规模越大，对于外部审计监督特征方面，注册会计师审计质量越高、实施内部控制审计的上市公司，内部控制缺陷存在的可能性越小。而高管权力能够调节审计监督特征与内部控制缺陷之间的关系，减弱审计监督特征对内部控制缺陷存在可能性的降低作用。

第三，结合宏观层面的市场化改革背景，揭示市场化改革调节下不同类型上市公司高管权力对异质性内部控制缺陷的影响差异。在研究高管权力削弱董事会和审计监督在内部控制中的治理效力的基础上，进一步深入研究高管权力对内部控制缺陷的影响，高管权力构成的3个维度，即组织权力、声望权力和所有制权力分别在不同程度上与内部控制缺陷显著正相关，且高管权力的综合指标值越大，内部控制缺陷存在的可能性越大。市场化改革能够对企业高管权力形成塑造效应，抑制高管权力对内部控制缺陷的正向影响。进一步地，根据内部控制缺陷的不同性质，具体划分为财务报告层面内部控制缺陷和公司层面内部控制缺陷，分别实证检验企业高管权力对不同性质内部控制缺陷的影响。结果发现高管权力对财务报告层面内控缺陷的正向影响更显著。市场化改革能够对企业高管权力形成塑造效应，抑制高管权力对内部控制缺陷的正向影响程度，进一步地，相较于竞争性企业，市场化改革对垄断性企业高管权力的塑造效应较轻；相较于国有企业，市场化改革对民营企业高管权力的塑造效应较明显。

第四，剖析高管权力对内部控制缺陷影响的非效率投资效应。内部控制缺陷的存在使得难以降低企业的信息不对称程度，导致企业在进行投资项目预算、实际执行过程中做出的投资决策失误，产生非效率投资，由此剖析内部控制缺陷对非效率投资行为的影响。进一步地，剖析企业高管权力膨胀作用下，通过影响内部控制缺陷发生率进而导致非效率投资的传导效应。结果发现，存在内部控制缺陷的企业，非效率投资尤其是过度投资现象较严重；且不同产权性质企业内部控制缺陷对非效率投资的影响存在差异，相较于国有企业，民营企业存在的内部控制缺陷对非效率投资的影响更显著；高管权力的增大能够增强内部控制缺陷对非效率投资的正向影响作用，市场化改革进程较快地区的企业高管权力通过对内部控制缺陷的影响导致的非效率投资效应较弱；进一步地，存在内部控制缺陷的企业实施的内部控制缺陷整改具有非效率投资治理效应，能够降低非效率投资发生率。

9.2 对策建议

针对上市公司财务舞弊等以高管参与为基本特征的违规事件频发，充分暴露出企业内部控制缺陷，且企业普遍存在非效率投资现象的现实。为切实增强内部控制规范的贯彻落实程度，以降低内部控缺发生率，使企业较好掌握投资项目的真实信息，以便做出正确的投资决策，抑制企业非效率投资。一方面，应从增强上市公司内部治理架构的治理作用出发，合理制约高管权力以减少高管凌驾于内部控制之上的情形，同时，要激发企业高管主动加强内部控制建设、进行最优投资决策的内在动力；另一方面，应注重外部治理环境的改善，继续深化市场化改革，通过建立规范的经理人监督激励及选聘机制等措施，从宏观制度层面增强对企业高管机会主义行为的约束力度。

9.2.1 微观层面

微观层面是相对于企业自身来说，根据企业高管权力对内部控制缺陷影响的作用机理，得出企业在建立和实施内部控制过程中，为降低内部控制缺陷发生率，应注意完善公司内部治理结构，建立有效的监督制约机制，发挥董事会和审计监督的治理作用，优化高管权力的配置结构，合理制约高管权力，有助于抑制企业非效率投资行为。

公司内部治理机制是由股东、董事会与高层管理人员之间的关系所形成的企业顶端结构，三者权力、义务的合理配置能够制约高管权力机会主义行为，从而有助于提高内部控制有效性，但是我国国有上市公司普遍存在股权结构比较单一的现象，公司治理尚存在一定缺陷，股东大会、董事会及监事会等核心治理机构的治理作用尚没有得到充分发挥，企业管理者行为得不到有效的监督。目前我国国有企业因所有者“缺位”，存在严重的“内部人控制”，民营企业大股东与管理者合谋现象严重，使得高管掌握企业实际控制权，高管权力膨胀，必须加强对高管权力的监督制约以减少高管权力机会主义行为，遏制管理层凌驾于内部控制之上现象。如果公司治理结构中的各组织机构不能良好地履行相应的治理职责，那么对于企业高管行为的制约作用将会减弱，就可能会出现高管出于自我私利等原因，置公司股东利益于不顾的机会主义行为。在内部控制实施过程中，有效的董事会和审计监督机制能够约束高管权力。因此，对各级管理主体由上至下进行权责的合理配置，建立并健全股东大会、董事会、监事会与经营层之间的相互制衡的关系，是成功实施企业内部控制，降低内部控制发生率，抑制企业非效率投资行为的关键。

（1）董事会在公司治理结构中发挥重要的治理作用。董事会成员尤其是独立董事的选聘履职过程要有可操作性的规章制度规范，可以通过降低企业高管与董事会的利益关联度，为董事会有效履职提供保障，建立符合现代企业两权分离制度的董事会成员选聘与奖惩机制，以提高董事会决策监督的积极性与能力。

本研究通过实证检验发现，董事会独立性特征发挥的治理作用不明显，主要原因在于上市公司设立独立董事的积极性不高，基本处于符合制度规定的1/3 比例状态。而独立董事是真正可以对内部人利益侵害行为做出独立判断的董事会成员，目前我国独立董事制度基本上流于形式，未能发挥其监督职能。除了引导企业提高设立独立董事人员的积极性，还要从健全独立董事的选聘机制入手，从社会中其他渠道聘任那些在专业技能及职业道德方面的人士担任独立董事职位，并且根据独立董事具体的履职情况设计相应的激励方案，同时也要建立履职效果差的独立董事的淘汰机制，以增强独立董事的履职效力，增强董事会治理的有效性。

（2）对于监事会治理边缘化现象，主要在于目前监事会设立存在一定的机制性缺陷。监事会往往仅有报告权，缺乏直接对经理人等任免的建议权。可以依据一定的标准，如企业治理中关于董事会履职考评的办法，给予监事会对于审计等企业部门人员一定的提名、任免的建议权。此外，还可以赋予监事会对部分特别事项的否决权，以提高监事会的监督能力，更好地维护投资者权益。

由此要着重加强董事会、监事会建设，注重加大对内部审计部门的人员配置、资源投入等方面的建设力度，尤其是要注重发挥审计委员会的监督作用，以充分发挥审计委员会对企业内部审计、外部审计与管理者之间的协调监控作用，以提高企业内部控制建立与实施的效率和效果。同时，增强外部会计师事务所执业的规范性和独立性，加强与国际审计市场的接轨程度，减小与审计质量较高会计师事务所之间的差距，切实提高外部审计监督的治理作用。此外，可以通过限制高管人员任期或加强对任期较长高管的监督等途径优化高管权力配置结构，以合理制约高管权力。

（3）降低企业股权集中度，建立多元化的股权结构，增大机构投资者的持股比例，以提高机构投资者的监督约束作用。因企业股权机构单一，股权集中度高，大股东极易与管理层合谋，导致企业管理层非效率投资较为严重，主要体现在利益输送、转移利润等方面，建立多元化股权结构，尤其是机构投资者，具备专业知识能力，能够较好地扮演积极的监督制衡角色，提高对管理层的监督约束力度，有助于遏制企业高管权力机会主义行为，降低内部控制缺陷发生率，进而抑制非效率投资行为。

（4）完善内部控制缺陷整改机制。存在内部控制缺陷的公司所实施的内部控制缺陷整改有助于提升内部控制有效性，进而缓解内部控制缺陷的非效率投资效应，但目前我国上市公司对外披露内部控制缺陷信息后，内部控制缺陷整改的治理效果往往在次年才显现出来，这意味着企业实施内部控制缺陷整改的速度较慢。同时，也表明我国要求上市公司在内部控制缺陷披露当年需披露整改措施、以后各年披露内部控制缺陷整改效果的规定，初步达到了监督公司建设高质量内部控制制度的作用，但鉴于内部控制缺陷整改速度较慢，还需进一步完善整改措施以提高整改效率，以提高内部控制缺陷整改效果，降低内部控制缺陷的非效率投资效应。

9.2.2 宏观层面

宏观层面主要针对相关政策的制定部门和监管部门来说，为了促进企业内部控制制度规范的贯彻落实，减少高管权力机会主义行为，促进内部控制的有效实施，本研究提出如下建议：

1. 继续深化市场化改革，提高市场的资源配置效率

转轨经济时期的中国，区域间市场化程度发展不平衡，市场竞争发展程度、政府与企业间关系及法律法规环境等存在显著差异，导致外部市场化改革对企业高管机会主义行为选择影响程度的不同。深入推进市场化改革，可以在一定程度上约束企业高管的权力寻租行为。首先需要的是对政府治理现状的改善，减少政府对企业运营的干预，原因在于企业存在的非效率投资现象，在很大程度上源于国有企业尤其是地方国企承担的履行社会职能。基于提高市场的资源配置效率的角度，政府干预企业的正常投资行为不利于发挥市场资源配置功能，加之企业高管权力膨胀的机会主义行为导致的非效率投资，有碍投资报酬率的提升及最优投资效率的实现。政府对企业干预程度降低，企业董事会等其他内部治理机制才会发挥更大的治理作用。此外，政府监管部门监管独立性的增强，监管制度的完善及监管力度的增大，会使得企业高管在影响董事会等权力监督机构履职以实施权力寻租行为时，有较大的处罚预期，面临较大的处罚成本，这会在一定程度上抑制高管谋取私利的行为。此外，针对不同类型的国有上市公司，监管部门应根据企业性质的不同实施分类级监控，将比较稀缺的监管资源更多地集中于高管控制权相对较强、企业内部治理效率相对较差的公司，以提高监管工作的效果。同时要通过市场化改革，增大市场化力量的作用，增强市场化改革对高管以权谋私行为的制约作用。本研究发现，国有上市公司行业属性、归属层级不同，市场化改革对高管权力形成的塑造效应存在差异，由此推进市场化改革要结合国有企业自身的基本特征，针对不同特质企业实施分类治理。

2. 充分发挥外部治理机制的监督约束作用

外部治理机制是指来自企业外部主体和市场的监督约束机制，是投资人、债权人、政府部门、消费者等各利益相关者对公司管理层的经营行为实施客观、及时的监督。外部治理机制对高管权力的监督约束比市场化改革的影响更为直接，主要体现在市场中一系列控制机制对企业高管权力行为的监督和约束作用。然而，我国现实情况是仅注重有关制度的建立而不注重相关制度的执行，外部治理机制的约束和监督作用并未充分发挥出来。具体地：

（1）从理论上讲，外部审计质量越高，对企业管理层的监控力度越大，越能降低代理成本，减少高管机会主义行为。但在现实中，外部审计师的实际聘任权掌握在企业高管手中，为企业高管运用权力影响外部审计独立客观履职创造了条件。因此，我国需要重视与企业外部治理机制相对应的法律法规的健全完善，提高外部审计等各项法律法规的执行力度。应采取措施完善会计师事务所及外部审计师的信用体系，对执业者的诚信进行动态评估，从体制上为审计人员保持独立性提供保障，增强外部媒体等对其执业过程中客观、公正地发表财务报告审计意见及内部控制审计意见的监督作用。完善外部市场约束机制，对高管权力行为产生压力和控制，通过推动职业经理人市场的建设，促使企业高管的各项经营决策更加合理。

（2）通过培育良好的控制权市场、增大机构投资者的持股比例等措施促进资源的优化配置，积极发挥外部多元机构投资者的监督治理作用，对企业内部代理人的私利行为进行有效的约束，以促进企业高管有效履职。外部机构投资者通过多种监督渠道参与公司治理，可以有效避免内部人控制现象，能够对高管行为形成有效的间接和直接监督作用，有助于企业高管科学地进行投资决策。由于企业的非效率投资行为会对机构投资者的利益造成损害，为切实保障机构投资者利益，需要相关政府部门建立健全保护机构投资者利益的法规制度。此外，还应采取措施增大机构投资者持股比例，可以通过引入证券投资基金、长期持股等方式调动机构投资者参与企业运营决策的积极性，以便更好地促进其参与企业的运营决策，有效监督高管机会主义行为，遏制非效率投资现象。

（3）建立健全职业经理人市场。经理人市场越健全发达，企业高管违规经营承担的成本越高，相应地，发生高管滥用职权的机会主义行为的概率也就越小。可以采取增大媒体对高管违规行为的曝光力度的方式，积极推进经理人市场的改革进程，增大高管凌驾于内部控制之上进行非效率投资决策行为的违规成本，增强市场化竞争机制及声誉机制对企业高管行为的约束力度，促进企业高管做出最优的投资决策。具体地，一方面，健全有效的经理人市场，可以有效降低人力资本市场中有关管理者个人技能、管理能力等方面信息的不对称程度，使得有较强管理经营能力、履职业绩较好的管理者获得更多的工作机会，同样地，那些履职能力较差的企业高管在竞争淘汰机制作用下能够退出经理人市场，从而遏制高管的滥用职权行为；另一方面，在有效人力资本市场中获得工作机会的管理者，也会良好履职，减少其机会主义行为，降低企业非效率投资行为的发生率。

（4）完善内部控制缺陷信息披露的监管制度。内部控制缺陷信息披露会在一定程度上促进上市公司进行内部控制缺陷整改，目前，我国上市公司存在将内部控制缺陷信息视作负面信息，由此采取少披露或不披露措施的现象。有必要建立完善的内部控制缺陷信息披露的监管制度，增大企业违规进行缺陷信息披露的违规成本，是有效遏制这一现象的途径。对此，可以采取从信息披露主体遵循相关规章制度情况及信息披露质量2个层面，对上市公司进行内部控制执行情况监管及行业自律管理。此外，注重舆论媒体监督对上市公司内部控制信息披露情况的监督作用，增强信息披露质量，以促进上市公司提升内部控制制度的实施效果，降低内部控制缺陷发生率，积极进行内部控制缺陷整改，缓解上市公司与外部中小投资者及债权人之间的信息不对称，提高资本市场有效配置资源的效率，减少上市公司的非效率投资现象。

9.3 研究局限

尽管本研究基于多层次视角，以高管权力为切入点，尽可能深入地对内部控制缺陷的影响因素及经济后果研究内容作了理论研究和实证研究，但仍可能存在以下局限：

（1）关于内部控制缺陷的识别方面。目前，关于上市公司内部控制缺陷的具体认定尚无明确的具有可操作性的政策规定，导致本研究中虽然借鉴了已有相关研究，参考《企业内部控制审计指引》，从表明内部控制缺陷存在的几种迹象入手进行认定，但对内部控制缺陷的认定可能还不够全面，随着内部控制缺陷披露等相关制度规范的完善，可以进一步改进。

（2）关于高管权力的度量方面。由于企业高管权力具有难以直接观测的特性，尽管本研究借鉴已有高管权力方面的主要研究成果，结合中国上市公司高管权力实际，对高管权力的衡量指标进行了筛选，选取两职兼任、董事会规模、任职年限、外部兼职、股权分散及机构持股6个指标，并借鉴已有文献度量高管权力的常用方法（主成分分析法与累积积分变量法）对高管权力进行了衡量，但在指标选择方面还可以进一步改进。

（3）对研究内容进行实证检验的过程中，只控制了企业规模大小、成长性等比较容易进行定量衡量的指标，而对管理者风险意识、企业文化背景、关联方交易等对内部控制运行有重要影响，但相对来说，以进行衡量的变量未考虑。因此，在未来研究中，可以考虑采用实验、问卷调查法等方法，把这些影响内部控制缺陷的因素列入控制变量中，将会得到更严谨的研究。

（4）对于非效率投资的度量方面。本研究基于对已有关于非效率投资的度量方法的比较分析，采用 Richardson（2006）及方红星等（2013）的度量方法衡量上市公司非效率投资水平，该方法虽与其他度量方法相比较更为科学，但仅能依据企业实际投资与期望投资间差额的正负方向，对非效率投资的两种情况进行区分，与企业的实际投资状况相比，这种非效率投资的度量模型是通过大样本数据进行的拟合模型，由此得出的企业最优投资水平仅是大样本数据的一个平均值，缺乏充分的理论依据，未能如资本结构理论那样有充分、完整的假设，难免有些简化，且该方法会受样本如何选取、变量如何度量等因素的影响，非效率投资在理论上还需进一步加以研究，度量方法尚有待改进。

9.4 研究展望

（1）内部控制缺陷的识别与计量可以进一步完善。本研究对于内部控制缺陷样本的筛选，从表征内部控制缺陷存在的迹象入手进行识别，使用替代变量对内部控制缺陷进行研究。随着企业内部控制规范体系的完善和贯彻落实，及内部控制信息披露质量的逐步提高，使用信息披露的直接数据进行内部控制缺陷的相关研究，将是未来的研究趋势。

（2）本研究的研究样本是除金融业之外的 A 股上市公司，在今后的研究中，一方面，可以结合金融业自身的特点，对金融业内部控制缺陷存在的影响因素进行研究；另一方面可以具体研究某一行业、某一地区上市公司的内部控制缺陷问题，这样可以更好地结合行业特征、地区差异等特质，发现企业内部控制建立与实施中的漏洞或不足。

（3）企业内部控制的运行过程是与法律环境、市场经济发育程度、管理水平、企业文化等因素密切相关的，而对管理水平、企业文化等对内部控制同样有重要影响，但是难以直接观测的指标，在今后的研究中，可以分别设计相应的量表，采用问卷调查法，对这些影响内部控制实施的因素进行分析。

（4）非效率投资度量方面。未来一方面要找出相关理论支撑，另一方面可以考虑选取适当方法从经济学中的“投入产出”角度，选取相关投入、产出变量进行建模，度量企业的非效率投资水平。

参考文献

[1] Abbott L J, S Parker. Audit committee characteristics and auditor choice [J]. Auditing: A Journal of Practice and Theory, 2000 (2): 47 -66.

[2] Abbott L J, Parker S, Peters G F. Audit committee characteristics and restatements [J] *Auditing: A Journal of Practice & Theory*, 2004 (3): 69 -87.

[3] Adams R, Almeida H, Ferreira D. Powerful CEOs and their impact on corporate performance [J]. *The Review of Finan - cial Studies*, 2005 (18): 1403 -1432.

[4] Aharony J, C Lee, Wong T. Financial Packaging of IPO Firms in China [J]. *Journal of Accounting Research*, 2000 (38): 103 -126.

[5] Amy J, Hillman, Albert A. Cannella Ramona Paetzold L. The Resource Dependence Role of Corporate Directors: Strategic Adaptation of Board Composition in Response to Environmental Change [J]. *Journal of Management Studies*, 2000 (2): 235 -256.

[6] Anderson R C, Reeb D M, Upadhyay Al. The economics of director heterogeneity [J]. *Financial Management*, 2011 (1): 5 -38.

[7] Anne O Krueger. The Political Economy of the Rent - seeking Society [J]. *American Economics Review*, 1974 (64): 291 -303.

[8] Arrow K J. The Economic Implications of Learning by Doing [J]. *Review of Economic Studies*, 1962 (3): 155 -173.

[9] Ashbaugh - Skaife H, Collins D W, Kinney W R. The Discovery and Reporting of Internal Control Deficiencies Prior to SOX - mandated Audits [J].

Journal of Accounting and Economics, 2007 (2): 166 - 192.

[10] Bailey, Andrew D, Audrey A. Gramling. Relation between External Audit F ees. Audit Committee Characteristics and Internal Audit [J]. *Accounting& Finance*, 2006 (3): 49 - 81

[11] Basu S, Hwang L, Jan C. Differences in conservatism between big eight and non - big eight auditors [R]. Working paper, City University of New York and California State University, Hayward, 2000.

[12] Bebchuk L A, Fried J M. Pay without Performance: The Unfulfilled Promise of Executive Compensation [M]. Cambridge: Harvard University Press, 2006.

[13] Bebchuk, Fried, Walker. Managerial power and rent extraction in the design of ececutive compensation [J]. *The University of Chicago Law Review*, 2002 (9): 751 - 846.

[14] Bebchuk L, J Fried. Pay without Performance: The Unfulfilled Promise of Executive Compensation [R]. Working Papers in Public Law, BoaltHall, UC Berkeley. 2004.

[15] Bedard J, Marrakchic, Courteau L. The Effect of Audit Committee Expertise, Independence, and Activity on Aggressive Earnings Management [J]. *Auditing A Journal of Practice & Theory*, 2004 (2): 13 - 35.

[16] Berle A A, Means G C. The modern corporation and private property [M]. New York: Macmillan, 1932.

[17] Boeker W, Goodstein J. Performance and successor choice: The moderating effects of governance and ownership [J]. *Academy of Management Journal*, 1993 (2): 172 - 186.

[18] Bookal, LeRoy E. Internal auditors: Integralto good corporate governance [J]. *The Internal Auditor*. 2002 (59): 44 - 49.

[19] Bratton W W, McCahery J A. Incomplete Contracts Theories of the Firm and Comparative Corporate Governance [J]. *Theoretical Inquiries in Law*, 2001 (2): 1 - 38.

[20] Brown L D, A S Pinello. To what extent does the financial reporting

process curb earnings surprise games? [J]. *Journal of Accounting Research*, 2007 (5): 947 -981.

[21] Bryan S H, Lilien S B. Characteristics of Firms with Material Weaknesses in Internal Control: An Assessment of Section 404 of Sarbanes Oxley [R]. Working Paper, 2005.

[22] Burkart M, Panunzi F, Shleifer A. Family Firms [J]. *The Journal of Finance*. 2003 (5): 2167 -2202.

[23] Carcello J V , NealT L, Palmrose, Scholz S. CEO Involvement in Selecting Board Members, Audit Committee Effectiveness and Restatements [J]. *Contemporary Accounting Research*, 2011 (2): 396 -430.

[24] Chen S, et al. Government intervention and investment efficiency: Evidence from China [J]. *Journal of Corporate Finance*, 2011 (2): 259 -271.

[25] Chen Y Y, Knechel R, Marisetty V V, Truong C, Veeraraghavan M. Internal Control Weakness and Board Independence: Evidence from SOX 404 Disclosures [J]. *Managerial Auditing Journal*, 2011 (3): 23 -44.

[26] Cheng S, Indjejikian R. Managerial influence and CEO performance Incentives [J]. *International Review of Law and Economics*, 2009 (2): 115 -126.

[27] Cheng S. Board size and the variability of corporate performance [J]. *Journal of Financial Economics*, 2008 (1): 157 -176.

[28] Costello A M. The impact of financial reporting quality on debt contracting: Evidence from internal control weakness reports [J]. *Journal of Accounting Research*, 2011, 49 (1): 97 -136.

[29] Daily C M, Dalton D R. Bankruptcy and corporate governance: the impact of board composition and structure [J]. *Academy of Management Journal*, 1994 (6): 603 -1617.

[30] Dalton D R, Kesner I F. Composition and CEO duality in boards of directors: An international comparison [J]. *Journal of International Business Studies*, 1987 (3): 33 -42

[31] Datar S M, Feltham G A, Hughes J S. The role of audits and audit

quality in valuing new issues [J]. *Journal of Accounting & Economics*, 1991 (91): 3 -49.

[32] Demirguc - Kunt A, Maksimovic V. Institutions, financial markets, and firm debt maturity [J]. *Journal of Financial Economics*, 1999 (3): 295 -336.

[33] Denis D K. Twenty - five Years of Corporate Governance Research and Counting [J]. *Review of Financial Economics*, 2000 (10): 191 -212.

[34] Doss M, Jonas G. Section 404 reports on internal control: Impact on ratings will depend on nature of material weaknesse reported. Moody's Investors Service [J]. *Global Credit Research*, 2004 (10): 12 -34.

[35] Doyle J, Ge E, McVay S. Accruals Quality and Internal Control over Financial Reporting [J]. *Accounting Review*, 2007 (5): 1141 -1170.

[36] Doyle J, W Ge, S Mcvay. Determinants of weaknesses in internal control over financial reporting [J]. *Journal of Accounting and Economics*, 2007, 44 (1): 193 -223.

[37] Dyck A, Volchkova N, Zingales L. The corporate governance role of the media: evidence from Russia [J]. *Journal of Finance*, 2008 (5): 1039 -1135.

[38] Faccio M, Masulis R W, McConnell J. Political connections and corporate bailout [J]. *Journal of Finance*, 2006 (1): 2597 -2635.

[39] Fama E F. Agency problems and the theory of the firm [J]. *Journal of Political Economy*, 1980 (88): 288 -307

[40] Fama E F, Jensen M C. Separation of ownership and control [J]. *Journal of Law and Economics*, 1983 (26): 301 -326.

[41] Finkelstein S. Power in top management teams: dimensions, measurement and validation [J]. *Academy of Management Journal*, 1992 (35): 505 -538.

[42] Finkelstein S, Hambrick D. Strategic Leadership: Top Executives and Their Effect on Organizations [M]. West Publishing Company, Minneapolis StPaul, 1996.

[43] Fracassi, Tate G. External Networking and Internal Firm Governance

[J]. *Journal of Finance*, 2012 (1): 153 - 194.

[44] French Jr R P, Raven B H. The bases of social power [J]. In D. Cartwright (Ed.) . Studies in Social Power, 1959 (5): 150 - 167.

[45] G Tullock. The Welfare Cost of Tariffs Monopolies and Theft [J]. *Western Economics Journal*, 1967 (7): 224 - 232.

[46] Ge W, MeVay. The diselosure of material weakneses in internal control after the SOX act [J]. *Accounting Horizons*, 2005 (3): 137 - 158.

[47] Goh B W. Audit Committees, Boards of Directors, and Remediation of Material Weaknesses in Internal Control [J]. *Contemporary Accounting Research*, 2009 (2): 549 - 579.

[48] Goodwin Stewart J, P Kent. The Use of Internal Audit by Australian Companies [J]. *Managerial Auditing Journal*, 2006 (2): 81 - 101

[49] Gramling, Audrey A Mario J Maletta, Arnold Schneider, Bryan K Church. The role of the internal audit function in corporate governance: a synthesis of the extant internal auditing literature and directions for future research [J]. *Journal of Accounting Literature*, 2004 (23): 194 - 244.

[50] Grossman S J, Hart O D. The Costs and Benefits of Ownership: A Theory of Vertical and Lateral Integration [J]. *The Journal of Political Economy*, 1986 (4): 691 - 719.

[51] Grossman S, O D Hart. An Analysis of the Principal - Agent Problem [J]. *Econometrical*, 1983 (1): 7 - 46.

[52] Groves T, Y Hong, J McMillan, B Naughton. China's Evolving Managerial Labor Market [J]. *Journal of Political Economy*, 1995 (103): 873 - 892.

[53] Hammersley J S, L A Myers, C Shakespesre. Market Reactions to the Disclosure of Internal Control Weaknesses and to the Characteristics of Those Weaknesses under Section 302 of the Sarbanes Oxley Act of 2002 [J]. *Review of Accounting Studies*, 2008 (13): 141 - 165.

[54] Hang Y, Zhou J, Zhou N. Audit Committee Quality, Auditor Independence, and Harris M. , Raviv A. A Theory of Board Control and Size [J].

Review of Financial Studies, 2008 (4): 1797 -1832.

[55] Hart O, Moore J. Property Rights and the Nature of the Firm [J]. *Journal of Political Economy*, 1990 (6): 1119 -1158.

[56] Hermalin B, Weisbach M. Endogenously Chosen Boards of Directors and Their Monitoring of the CEO [J]. *American Economics Review*, 1998 (1): 96 -118.

[57] Hermalin B E, Weisbach, M S. Board of directors as an endogenously determined institution: a survey of the economic literature [J]. *Federal Reserve Bank of New York Economic Policy Review*, 2008 (9): 7 -26.

[58] Hermanson. An Analysis of the Demand for Report ing on Internal Control [J]. *Accounting Horizons*, 2009 (9): 325 -341.

[59] Hoimstrom B. Moral Hazard and Observability [J]. *Bell Journal of Economics*, 1979, 10 (1): 74 -91

[60] Hoitash U, Hoitash R, Bedard J. Corporate Governance and Internal Control over Financial Reporting: a Comparison of Regulatory Regimes [J]. *The Accounting Review*, 2009 (3): 839 -867.

[61] Holmstrom B, J Tirole. "The Theory of the Firm", In: Schmalensee, R., and R. Willig (Eds.), In: Handbook ofIndustrial Organization [M]. Elsevier Science, New York, 1989.

[62] Hu A, Kumar P. Managerial entrenchment and payout policy [J]. *Journal of Financial and Quantitative Analysis*, 2004 (4): 759 -790.

[63] Jensen M C, W H. Meckling Theory of the firm: managerial behavior, agency costs and ownership structure [J]. *Journal of Financial Economics.*, 1976 (3): 305 -360.

[64] Jiang W, Rupley K H, Wu J. Internal Control Deficiencies and the Issuance of Going Concern Opinions [J]. *Research in Accounting Regulation*, 2010 (1): 40 -46

[65] John Olson. How to Really Make Audit Committees More Effective [J]. *Business Journal of Accounting Research*, 2012 (3): 811 -843

[66] Karuna C. Industry Product Market Competition and Managerial In-

centives [J]. *Journal of Accounting and Economics*, 2007 (2): 71 -76.

[67] Kilduff M, Angelmar R, Mehra A. Top Management - team Diversity and Firm Performance: Examining the Role of Cognitions [J]. *Organization Science*, 2000 (1): 21 -34.

[68] Kim E H, Lu Y. Is chief executive officer power bad? [J]. *Asia - Pacific Journal of Financial Studies*, 2011 (4): 495 -516.

[69] Kim J, Song B Y, Zhang L. Internal Control Weakness and Bank Loan Contracting: Evidence from SOX Section 404 Disclosures [J]. *The Accounting Review*, 2011, 86 (4): 1157 -1188.

[70] Klein A. Economic determinants of audit committee independen [J]. *The Accounting Review*, 2002 (4): 435 -452.

[71] Krishnan G V, Visvanathan G. Reporting Internal Control Deficiencies in the Post - Sarbanes Oxley Era: The Role of Auditors and Corporate Governance [J]. *The International Journal of Auditing*, 2007 (2): 73 -90.

[72] Krishnan H A, Park D. Effects of top management team chang on performance in downsized US coppanies [J]. *Management International Review*, 1998 (4): 303 -319.

[73] Krishnan J, Visvanathan G. Reporting internal control deficiencies in the Post - Sarbanes - Oxley era: the role of auditors and corporate [J]. *Journal of Internal Auditing*, 2007 (22): 73 -90.

[74] Malcomson J. Work Incentive, Hierarchy and Internal Labour Markets [J]. *Journal of Political Economy*, 1984, (92): 486 -507

[75] Manuel A, Tipgos. Why Management Fraud is Unstoppable [J]. *The CPA Journal*, 2002 (12) .

[76] Mirrlees, J A. The implications of moral hazard for optimal insurance [R]. Conference in honour of Karl Borch, Bergen, 1979.

[77] Mitra S, Hossain M. Auditor's Industry Specialization and Earnings Management of Firms Reporting Internal Control Weaknesses under SOX Section 404 [R]. Working paper, 2010.

[78] Morse A, Nanda V, Seru A. Are Incentive Contracts Rigged By

Powerful CEOs? [J]. *The Journal of Finance*, 2011 (5): 1779 - 1821.

[79] Naiker V, Sharma S D. Former Audit Partners on the Audit Committeeand Internal Control Deficiencies [J]. *The Accounting Review*, 2009 (2): 559 - 587.

[80] North D C. Institutions, Institutional Change and Economic Performance [M]. New York: Cambridge University Press, 1990.

[81] Pathan S. Strong boards, CEO power and bank risk - taking [J]. *Journal of Banking and Finance*, 2009 (7): 1340 - 1350.

[82] Pelled L H. Demografic Deversity, Conflict, and Work Group Outcomes: An Intervening Process Theory [J]. *Organization Science*, 1996 (6): 615 - 631.

[83] Pitcher P, Chreim S, Kisfavli V. CEO succession research: Methodological bridges over troubled waters [J]. *Strategic Management Journal*, 2000 (6): 625 - 648.

[84] Prawitt D F, J L Smith, D A Wood. Internal audit quality and earnings management [J]. *The Accounting Review*, 2009 (4): 1255 - 1280.

[85] Raghunandan K, Read W J, Rama D V. Audit Committee Composition, Grey Directors, and Interaction with Internal Auditing [J]. *Accounting Horizons*, 2001 (6): 105 - 118.

[86] Rice S C, Weber D P. How effective is Internal Control Reporting under SOX 404? Determinants of the (Non -) Disclosure of Existing Material Weakmess [J]. Sappington D. Incentives. in Principal - Agent Relationships [J]. *Journal of Economic Perspectives*, 1991, (5): 45 - 46.

[87] Richardson S. Over - investment of free cash flow [J]. *Review of Accounting Studies*, 2016, 11 (2 - 3): 159 - 189.

[88] Richardson S. Over - investment of free cash flow [J]. *Review of Accounting Studies*, 2016, 11 (2 - 3): 159 - 189.

[89] Schneider, Arnold. External auditor's evaluations of internal auditing: a conjoint measurement approach [M]. University Microfilms Interantional, 1982.

[90] Shivadasani A, D Yermack. CEO Involvement in the Selection of New Board Members: An Empirical Analysis [J]. *The Journal of Finance*, 1999 (5): 1829 - 1853.

[91] Shleifer A R Vishny. Large Shareholders and Corporate Control [J]. *Journal of Political Economy*, 1986, 94 (3): 461 - 488.

[92] Stephens N M. External auditor characteristics and internal control reporting under SOX section 302 [J]. *Managerial Auditing Journal*, 2011 (2): 114 - 129.

[93] Wade J, O'Reilly C A I, Chandratat I. Golden Parachutes: CEOs and the Exercise of Social Influence [J]. *Administrative Science Quarterly*, 1990 (4): 587 - 603.

[94] Weisbach M S. Review: Optimal Executive Compensation versus Managerial Power: A Review of Lucian Bebchuk and Jesse Fried'sPay without Performance: The Unfulfilled Promise of Executive Compensation [J]. *Journal of Economic Literature*. 2007 (2): 419 - 428.

[95] Weisbach M S. Outside directors and CEO turnover [J]. *Journal of Financial Economics*, 1988 (20): 431 - 460.

[96] WGe S. McVay. The Disclosure of Material Weakness in Internal Control after the Sarbanes—oxley Act [J]. *Accounting Horizons*, 2005 (19): 137 - 158.

[97] Williamson O E. The New Institutional Economics: Taking Stock, looking Ahead [J]. *Journal of Economic Literature*, 2000 (38): 595 - 613.

[98] Yazawa K. Why Don't Japanese Companies Disclose Internal Control Weakness?: Evidence from J - SOX Mandated Audits [R]. Working paper, 2010.

[99] Yukl G A. Leadership in organizations [M]. Upper Saddle River. NJ: Prentice - Hall, 2002.

[100] Zahra S A, Pearce J A. Board of Directors and Corporate Financial Performance: A Review and Integrative Model [J]. *Journal of Management*, 1989 (15): 291 - 304.

[101] Zhang Y, Zhou J, Zhou N. Audit Committee Quality, Auditor Independence, and Internal Control Weaknesses [J]. *Journal of Accounting and Public Policy*, 2007 (3): 300 - 327.

[102] Zingales L. Corporate Governance, In the New Palgrave Dictionary of Economics and the Law [M]. the Stockton Press, New York, 1997.

[103] 财政部，证监会，审计署等. 企业内部控制基本规范 [Z]. 2008.

[104] 蔡春，黄益建，赵莎. 关于审计质量对盈余管理影响的实证研究——来自沪市制造业的经验证据 [J]. 审计研究，2005 (2): 12 - 18.

[105] 曹越，胡新玉，刘文溪，等. 媒体报道、市场化进程与高管薪酬 [J]. 中南财经政法大学学报，2016，216 (3): 97 - 105.

[106] 陈丽红，张龙平. 行业专门化与审计质量——来自中国审计市场的经验证据 [J]. 当代财经，2010 (11): 111 - 119.

[107] 陈凌云，李宇立. 企业内部控制评价：基于管理层和审计师的博弈分析 [J]. 江西财经大学学报，2010 (1): 27 - 33.

[108] 陈清泰. 法人治理结构是公司制的核心，中国发展研究——国务院发展研究中心研究报告选 [M]. 北京：中国发展出版社，2001.

[109] 陈瑞华. 信息经济学 [M]. 天津：南开大学出版社，2003

[110] 陈信元，陈冬华，万华林. 地区差异、薪酬管制与高管腐败 [J]. 管理世界，2009 (11): 15 - 23.

[111] 陈志俊. 不完全契约理论前沿评述 [J]. 经济学动态，2000，(12): 47 - 52.

[112] 陈宗胜，吴浙，谢思全等. 中国经济体制市场化进程研究 [M]. 上海：上海人民出版社，1999.

[113] 程锐. 市场化进程、企业家精神与地区经济发展差距 [J]. 经济学家，2016，8 (8): 19 - 28.

[114] 程小可，李浩举，姜永盛. 企业创新、市场化进程与区域就业水平——来自中国工业企业的经验证据 [J]. 科技进步与对策，2017，34 (6): 31 - 38.

[115] 程新生，孙利军，耿祎雯. 企业内部审计制度改进了财务控制效果吗——来自中国上市公司的证据 [J]. 当代财经，2007 (2): 118 - 122.

[116] 池国华，杨金，郭菁晶. 内部控制、EVA 考核对非效率投资的综合治理效应研究——来自国有控股上市公司的经验证据 [J]. 会计研究，2016 (10)：63-69.

[117] 初春虹，叶陈刚，申斐. 高管权力与企业并购绩效研究——基于产权性质视角 [J]. 软科学，2016 (12)：95-99.

[118] 醋卫华，李培功. 媒体监督公司治理的实证研究 [J]. 南开管理评论，2012 (1)：33-42.

[119] 代彬，彭程，郝颖. 国企高管控制权、审计监督与会计信息透明度 [J]. 财经研究，2011 (11)：113-123.

[120] 代彬，彭程，刘星. 高管控制权、审计监督与激进避税行为 [J]. 经济管理，2016 (3)：67-79.

[121] 单华军. 上市公司内部控制缺陷数据分析与政策建议 [J]. 商业会计，2010 (13)：45-46.

[122] 丁大巍，王珺，宋逢明. 预算软约束下的银行高管薪酬机制分析 [J]. 运筹与管理，2009，18 (3)：105-110.

[123] 丁忠明，王振富. 公司董事会治理研究：综述与启示 [J]. 上海经济研究，2008 (1)：100-106.

[124] 董卉娜，朱志雄. 审计委员会特征对上市公司内部控制缺陷的影响 [J]. 山西财经大学学报，2012 (1)：114-124.

[125] 董颖. 试论管理层对企业内部控制的责任 [J]. 今日科苑，2008 (22)：91-91.

[126] 窦炜，刘星，安灵. 股权集中、控制权配置与公司非效率投资行为——兼论大股东的监督抑或合谋？[J]. 管理科学学报，2011，14 (11)：81-96.

[127] 窦炜，马莉莉，刘星. 控制权配置、权利制衡与公司非效率投资行为 [J]. 管理评论，2016，28 (12)：101-115.

[128] 杜玉鹏. 管理层权力对国有企业并购及其财务效应影响研究 [D]. 天津大学，2010.

[129] 段海艳. 董事会资本与董事会治理效率研究述评与展望 [J]. 会计之友旬刊，2014 (36)：36-40.

［130］樊纲，王小鲁，朱恒鹏．中国市场化指数——各地区市场化相对进程 2011 年报告［M］．北京：经济科学出版社，2011.

［131］樊行健，肖光红．关于企业内部控制本质与概念的理论反思［J］．会计研究，2014（2）：4－11.

［132］方红星，金玉娜．公司治理、内部控制与非效率投资：理论分析与经验证据［J］．会计研究，2013（7）：63－69.

［133］方红星，孙翯．交叉上市公司内部控制缺陷披露的影响因素与市场反应——基于兖州煤业的案例研究［J］．上海立信会计学院学报，2010（1）：28－36.

［134］方军雄．我国上市公司高管的薪酬存在黏性吗？［J］．经济研究，2009（3）：110－124.

［135］冯慧群，马连福．董事会特征、CEO 权力与现金股利政策——基于中国上市公司的实证研究［J］．管理评论，2013（11）：123－132.

［136］干胜道，胡明霞．管理层权力、内部控制与过度投资——基于国有上市公司的证据［J］．审计与经济研巧，2014（05）：40－47.

［137］高雷，宋顺林．治理环境、治理结构与代理成本——来自国有上市公司面板数据的经验证据［J］．经济评论，2007（3）：35－40.

［138］高明华，马守莉．独立董事制度与公司绩效关系的实证分析——兼论中国独立董事有效行权的制度环境［J］．南开经济研究，2002（2）：64－68.

［139］耿建新，续芹，李跃然．内审部门设立的动机及其效果研究［J］．审计研究，2006（1）：53－60.

［140］郭红彩．管理层权力对上市公司分红行为的影响——基于我国 A 股上市公司的经验证据［J］．中南财经政法大学学报，2013（1）：137－143.

［141］郭慧．上市公司内部审计治理效应研究——来自中国证券主板市场的经验证据［D］．暨南大学博士学位论文，2009.

［142］郭军，赵息．董事会治理、高管权力与内部控制缺陷［J］．软科学，2015，29（4）：43－47.

［143］郭军，赵息．高管权力、制度环境与内部控制缺陷［J］．系统工程，2016（7）：73－77.

[144] 郭军. 企业内部控制缺陷影响因素研究 [D]. 天津大学, 2016.

[145] 韩传模, 刘彬. 审计委员会特征、内部控制缺陷与信息披露质量 [C]. 中国会计学会学术年会, 2012.

[146] 韩立岩, 李慧. CEO 权力与财务危机——中国上市公司的经验证据 [J]. 金融研究, 2009 (1): 179-193.

[147] 郝颖, 刘星. 市场化进程与上市公司 R&D 投资: 基于产权特征视角 [J]. 科研管理, 2010 (4): 81-90.

[148] 贺琛, 陈少华, 佘晴. 制度环境、管理层权力与盈余管理 [J]. 现代财经: 天津财经大学学报, 2014 (10): 13-19.

[149] 贺京同, 范若滢. 宽松货币政策、产权性质与企业非效率投资 [J]. 中国经济问题, 2015 (5): 95-108.

[150] 侯巧铭, 宋力, 蒋亚朋. 管理者行为、企业生命周期与非效率投资 [J]. 会计研究, 2017 (3): 61-67.

[151] 胡芹. 自愿性内部控制信息披露与资本市场信息不对称关系的实证检验 [D]. 江西财经大学, 2010.

[152] 黄娟, 向小玲. 市场化进程、管理层权力与高管薪酬——基于国有上市公司与民营上市公司的对比分析 [J]. 投资研究, 2016 (9): 93-113.

[153] 黄凯南. 不完全合同理论的新视角——基于演化经济学的分析 [J] 经济研究, 2012 (02): 133-145.

[154] 黄溶冰, 王跃堂. 公司治理视角的内部控制——基于审计委员会的分析 [J]. 中南财经政法大学学报, 2009 (1): 100-105.

[155] 姜付秀, 黄继承. 市场化进程与资本结构动态调整 [J]. 管理世界, 2011 (3): 124-134.

[156] 蒋士成, 费方域. 从事前效率问题到事后效率问题——不完全合同理论的几类经典模型比较 [J]. 经济研究, 2008 (08): 145-156.

[157] 蒋媛媛, 李雪增. 不完全契约理论的脉络发展研究 [J]. 新疆师范大学学报, 2014 (2): 106-111.

[158] 康玉梅. 公司治理结构与投资者利益保护 [J]. 科技管理研究, 2012 (3): 193-196.

[159] 科斯，哈特，斯蒂格利茨．契约经济学［M］．北京：经济科学出版社，2000.

[160] 况学文，陈俊．董事会性别多元化、管理者权力与审计需求［J］．南开管理评论，2011（6）：48－56.

[161] 雷光勇，范蕾．市场化程度、内部人侵占与审计监督［J］．财贸经济，2009（5）：61－67.

[162] 雷辉，刘婵妮．董事会特征对内部控制质量的影响——基于我国 A 股上市公司面板数据［J］．系统工程，2014（9）：11－18.

[163] 雷英，吴建友，孙红．内部控制审计对会计盈余质量的影响——基于沪市 A 股上市公司的实证分析［J］．会计研究，2013（11）：75－81.

[164] 黎文靖，卢锐．管理层权力与会计信息质量——来自中国证券市场的经验证据［J］．山西财经大学学报，2007（8）：108－115.

[165] 李斌，闰丽荣，部亮亮．董事会特征与公司绩效研究——基于民营上市公司的经验分析［J］．财贸经济，2005（12）：23－27.

[166] 李传军．公司治理的制度经济学分析［J］．经济与管理评论，2005（5）：40－44.

[167] 李东明，邓世强．上市公司董事会结构、职能的实证研究［J］．证券市场导报，1999（10）：25－30.

[168] 李海燕，陈锦．公司外部治理机制与代理冲突的缓解［J］．统计与咨询，2007（5）：40－42.

[169] 李辉．企业外部高管继任者选择的博弈研究——基于委托代理理论［J］．辽宁大学学报（哲学社会科学版），2016，44（4）：71－76.

[170] 李慧云，刘镝．市场化进程、自愿性信息披露和权益资本成本［J］．会计研究，2016（1）：71－78.

[171] 李连华．权力配置与内部控制效率问题研究［J］．财政监督，2007（4）：3－6.

[172] 李曼，高管态度、政府监管与内部审计——基于计划行为理论的研究［J］．审计研究，2014（2）：100－107.

[173] 李明辉，张艳．内部控制鉴证对内部控制有效性的影响研究［J］．审计与经济研究，2010（2）：61－68

[174] 李三喜，徐荣才．企业内部控制基本规范的超越与应用［M］．北京：经济科学出版社，2008.

[175] 李胜楠，吴泥锦，曾格凯茜等．环境不确定性、高管权力与过度投资［J］．财贸研究，2015（4）：111－121.

[176] 李万福，林斌，杨德明，等．内控信息披露、企业过度投资与财务危机——来自中国上市公司的经验证据［J］．中国会计与财务研究，2010（4）：76－141.

[177] 李文贵，余明桂．所有权性质、市场化进程与企业风险承担［J］．中国工业经济，2012（12）：115－127.

[178] 李香梅，袁玉娟，戴志敏．控制权私有收益、公司治理与非效率投资研究［J］．华东经济管理，2015（3）：139－143.

[179] 李新春．经理人市场失灵与家族企业治理［J］．管理世界，2003（4）：87－95.

[180] 李越冬，刘伟伟．内部控制重大缺陷影响因素分析——基于企业内部特征视角的实证研究［J］．会计之友旬刊，2014（15）：86－94.

[181] 林钟高，陈俊杰．终极控制人性质、内部控制缺陷与企业风险［J］．财经理论与实践，2016，37（4）：84－92.

[182] 林钟高，陈曦．现金持有水平、内部控制缺陷与过度投资［J］．财经科学，2016（11）：114－124.

[183] 刘彬．基于财务报告的内部控制对会计信息质量的影响——来自深交所上市公司的经验证据［J］．经济与管理研究，2013（11）：101－108.

[184] 刘彬．审计委员会特征对信息披露质量的影响研究——基于投资者保护视角［J］．审计与经济研究，2014（1）：39－47.

[185] 刘成立．外部审计、债务期限结构选择与审计治理效应［J］．财贸研究，2012（3）：132－139.

[186] 刘娥平，关静怡．商业信用对企业非效率投资的双向治理［J］．管理科学，2016，29（6）：131－144.

[187] 刘非，审计质量与真实盈余管理关系的实证研究［J］．现代商贸工业，2012（1）：170－171.

[188] 刘凤委，孙铮，李增泉．政府干预，行业竞争与薪酬契约——

来自国有上市公司的经验证据 [J]. 管理世界, 2007 (9): 76-84.

[189] 刘华. 市场化改革、研发投入与创新绩效关系的实证 [J]. 统计与决策, 2015 (9): 146-148.

[190] 刘慧龙, 吴联生. 制度环境、所有权性质与企业实际税率 [J]. 管理世界, 2014 (4): 42-52.

[191] 刘际陆. 制度环境、董事会行为与终极股东掏空行为 [D]. 东北财经大学, 2012.

[192] 刘锦, 王学军. 寻租、腐败与企业研发投入——来自30省12367家企业的证据 [J]. 科学学研究, 2014 (10): 1509-1517.

[193] 刘启君. 寻租理论研究 [D]. 武汉: 华中科技大学, 2005.

[194] 刘启亮, 罗乐, 何威风, 陈汉文. 产权性质、制度环境与内部控制 [J]. 会计研究, 2012 (3): 52-61.

[195] 刘启亮, 罗乐, 张雅曼, 陈汉文. 高管集权、内部控制与会计信息质量 [J]. 南开管理评论, 2013 (1): 15-23.

[196] 刘松博, 董修荃, 杜晓琳. 不同类型团队的异质性研究比较与评价 [J]. 软科学, 2010 (10): 18-22.

[197] 刘星, 代彬, 郝颖. 高管权力与公司治理效率——基于国有上市公司变更的视角 [J]. 管理工程学报, 2012 (1): 1-12.

[198] 刘焱, 张胜强, 田甜. 生命周期视角下非效率投资的影响动因研究 [J]. 财经理论与实践, 2015 (1): 52-58.

[199] 刘焱, 姚海鑫. 高管权力、审计委员会专业性与内部控制缺陷 [J]. 南开管理评论, 2014 (2): 4-12.

[200] 刘玉廷, 王宏. 提升企业内部控制有效性的重要制度安排——关于实施企业内部控制注册会计师审计的有关问题 [J]. 会计研究, 2010 (7): 3-10.

[201] 柳俊俊. 内部控制信息披露质量与盈余管理行为的相关性研究 [D]. 东北财经大学, 2010.

[202] 卢锐. 管理层权力、薪酬激励与企业绩效——基于中国证券市场的理论与实证研究 [M]. 北京: 经济科学出版社, 2008.

[203] 卢馨, 吴婷, 张小芬. 管理层权力对企业投资的影响 [J]. 管

理评论，2014（8）：168－180.

［204］卢中原，胡鞍钢．市场化改革对我国经济运行的影响［J］．经济研究，1993（12）：49－55.

［205］陆丁．寻租理论［M］．北京：商务印书馆，1999.

［206］陆智强，李红玉．经理权力、市场化进程与经理超额薪酬——基于不同产权性质的比较分析［J］．经济经纬，2014（3）：108－113.

［207］路杨．高管团队特征对内部控制有效性的影响研究［D］．重庆：重庆理工大学博士学位论文，2010.

［208］栾甫贵，田丽媛．吹哨者、公司、审计师的博弈分析——基于吹哨者保护制度的研究［J］．审计与经济研究，2017，32（1）：38－48.

［209］罗党论，唐清泉．政治关系、社会资本与政策资源获取：来自中国民营上市公司的经验证据［J］．世界经济，2009（7）：84－96.

［210］罗富碧，冉茂盛，杜家廷．高管人员股权激励与投资决策关系的实证研究［J］．会计研究，2008（8）：69－76.

［211］罗明琦，赵环．管理者权力影响审计师选择的经验证据［J］．财经问题研究，2014（11）：93－98.

［212］罗明琦．企业产权、代理成本与企业投资效率——基于中国上市公司的经验证据［J］．中国软科学，2014（7）：172－184.

［213］吕长江，赵宇恒．国有企业管理者激励效应研究——基于管理者权力的解释［J］．管理世界，2008（11）：99－109.

［214］吕长江，郑慧莲，严明珠，许静静．上市公司股权激励制度设计：是激励还是福利?［J］．管理世界，2009（9）：133－147.

［215］马力，陈珊．我国新兴中小企业债务融资治理效应研究——以创业板上市公司为例［J］．南京审计学院学报，2013（6）：1－9.

［216］马力，李胜男．不完全合约理论述评［J］．哈尔滨工业大学学报，2004（5）：72－76.

［217］马连福，冯慧群．董事会资本对公司治理水平的影响效应研究［J］．南开管理评论，2014（2）：46－55.

［218］孟贵珍．董事会特征与企业内部控制有效性——基于沪市A股制造业上市公司的调查研究［J］．会计之友旬刊，2013（32）：39－45.

［219］纳超洪．管理权力、自由量裁性投资与高管薪酬——基于中国上市公司的实证研［D］．广州：暨南大学，2009.

［220］聂辉华．不完全契约理论的转变［J］．教学与研究，2011（1）：71－78.

［221］欧阳凌，欧阳令南，周红霞．股权“市场结构”、最优负债和非效率投资行为［J］．财经研究，2005，31（6）：107－119.

［222］潘红波，夏新平，余明桂．政府干预、政治关联与地方国有企业并购［J］．经济研究，2008（4）：41－52.

［223］潘琰，辛清泉．论审计合约与审计质量——基于不完全契约理论的现实思考［J］．审计研究，2003（5）：38－41.

［224］齐保垒，田高良，李留闯．上市公司内部控制缺陷与财务报告信息质量［J］．管理科学，2010（4）：38－47.

［225］企业内部控制配套指引编写组．企业内部控制配套指引［M］．上海：立信会计出版社，2010.

［226］瞿旭，廖井婷，李梦雯．中国上市银行内部控制实质性漏洞分析——基于风险识别与评估的视角［C］．中国会计学会学术年会，2012.

［227］权小锋，吴世农．CEO 权力强度、信息披露质量与公司业绩的波动性——基于深交所上市公司的实证研究［J］．南开管理评论，2010（4）：142－153.

［228］尚兆燕，扈唤．独立董事主动辞职、内部控制重大缺陷及非标审计意见——来自中国上市公司的经验证据［J］．审计研究，2016（1）：94－100.

［229］石意如．企业内部控制缺陷三分法认定［J］．财会月刊，2012（5）：8－11.

［230］树成琳．内部控制、内部人交易与信息不对称［J］．当代财经，2016（8）：121－128.

［231］树友林．高管权力视角下上市公司内部控制失效问题研究［J］．中国管理信息化，2011（23）：17－19.

［232］宋姣姣．管理层权力对投资效率影响的实证研究［D］．成都：西南财经大学，2016.

[233] 宋文阁，荣华旭．董事会特征与内部控制目标的实现——来自中国上市公司的经验证据［J］．财经理论与实践，2012（5）：64－68.

[234] 宋衍蘅，肖星．监管风险、事务所规模与审计质量［J］．审计研究，2012（3）：83－89.

[235] 苏秀花，赵息．内部控制效率的地区差异及其影响因素研究［J］．求索，2013（2）：10－13.

[236] 谭庆美，陈欣，张娜，等．管理层权力、外部治理机制与过度投资［J］．管理科学，2015（4）：59－70.

[237] 谭庆美，李敏．管理层权力对过度投资影响的实证研究［J］．武汉理工大学学报（信息与管理工程版），2014（4）：571－575.

[238] 汤洪波，李湛．公司价值与高管人员权力结构：基于中国上市公司的实证研究［J］．软科学，2008（1）：32－41.

[239] 唐松，杨勇，孙铮．金融发展、债务治理与公司价值——来自中国上市公司的经验证据［J］．财经研究，2009（6）：4－16.

[240] 唐学华，毛新述，郭李特．管理层权力与非效率投资——基于中国A股市场的经验检验［J］．华东经济管理，2015，29（12）：128－133.

[241] 田高良，齐保垒，李留闯．基于财务报告的内部控制缺陷披露影响因素研究［J］．南开管理评论，2010（4）：134－141.

[242] 王华，黄之骏．经营者股权激励、董事会组成与企业价值——基于内生性视角的经验分析［J］．管理世界，2006（9）：101－106.

[243] 王惠芳．内部控制缺陷认定：现状、困境及基本框架重构［J］．会计研究，2011（8）：61－67.

[244] 王嘉歆，黄国良．高管个体特征、薪酬外部不公平性与非效率投资——基于嫉妒心理视角的研究［J］．山西财经大学学报，2016，38（6）：75－87.

[245] 王茂林，何玉润，林慧婷．管理层权力、现金股利与企业投资效率［J］．南开管理评论，2014（2）：13－22.

[246] 王茜，戴文涛．基于判别分析的内部控制重大缺陷预测研究［J］．财经问题研究，2012（5）：48－54.

[247] 王守海，郑伟，张彦国．内部审计水平与财务报告质量研究——

来自中国上市公司的经验证据［J］. 审计研究，2010（5）：82－89.

［248］王旭. 公司治理、融资因素对企业技术效率的影响——来自制造业上市公司的经验证据［J］，财会月刊，2015（12）：58－68.

［249］王艳艳，陈汉文，于李胜. 代理冲突与高质量审计需求［J］. 经济科学，2006（2）：72－82.

［250］王烨，叶玲，盛明泉. 高管权力、机会主义动机与股权激励计划设计［J］. 会计研究，2012（10）：35－41.

［251］王艺霖，王爱群. 内控缺陷披露、内控审计与债务资本成本——来自沪市 A 股上市公司的经验证据［J］. 中国软科学，2014（2）：150－160.

［252］王治，张皎洁，郑琦. 内部控制质量、产权性质与企业非效率投资——基于我国上市公司面板数据的实证研究［J］. 管理评论，2015，27（9）：95－107.

［253］魏锋，薛飞. 债权人权利保护法律颁布的市场反应——基于法和金融理论的研究［J］. 财经研究，2010（4）：134－143.

［254］魏贤运，柴小康. 管理层权力视角下研发支出政策选择——以医药和生物制品上市公司为例［J］. 财会通讯，2013（21）：79－82.

［255］吴秋生，郝诗萱. 论领导者权力对内部控制有效性的影响［J］. 审计与经济，2013（5）：32－39.

［256］吴秋生，李晓燕. 企业内部控制的有效性与管理层凌驾问题研究［J］. 管理现代化，2012（4）：49－61

［257］吴秋生，徐蕾. 管理层观念与内部控制［J］. 商业研究，2011（5）：78－82.

［258］吴玉心. 审计委员会——上市公司内部控制中的重要制度安排［J］. 审计与经济研究，2003（1）：27－29.

［259］夏立军，陈信元. 市场化进程、国企改革策略与公司治理结构的内生决定［J］. 经济研究，2007（7）：82－96.

［260］夏立军，方轶强. 政府控制、治理环境与公司价值——来自中国证券市场的经验证［J］. 经济研究，2005（5）：40－51.

［261］肖珉，任春艳，张芬芳. 信息不对称、制度约束与投资效率——基于不同产权安排的实证研究［J］. 投资研究，2014（1）：24－34.

[262] 肖敏知. 管理层凌驾于内部控制之上的风险防范机制研究 [J]. 商业会计, 2012 (8): 53-55.

[263] 肖丕楚, 张成君. CEO 权责配置与公司治理结构优化 [J]. 经济与管理, 2003 (4): 35-36.

[264] 肖文锋. 基于独立性的上市公司独立董事制度研究 [J]. 财务与金融, 2012 (6): 80-83.

[265] 谢赤, 杨茂勇. 企业社会责任对非效率投资的影响——基于随机前沿分析方法 [J]. 经济与管理研究, 2013 (5): 92-98.

[266] 谢靖宇, 蔡奕. 我国上市公司监事会制度的演变趋向——从海外实践的视角 [J]. 证券市场导报, 2012 (12): 11-16.

[267] 谢志华, 张庆龙, 袁蓉丽. 董事会结构与决策效率 [J]. 会计研究, 2011 (1): 31-37.

[268] 辛清泉, 谭伟强, 市场化改革、企业业绩与国有企业经理薪酬 [J]. 经济研究, 2009 (11): 53-62.

[269] 徐倩. 不确定性、股权激励与非效率投资 [J]. 会计研究, 2014 (3): 41-48.

[270] 徐帅, 孙媛媛. 外部审计、财务报告质量与投资者保护: 分析框架与研究述评 [J]. 财政监督, 2014 (35): 33-36.

[271] 徐一鸣. 董事会异质性对上市公司业绩影响的研究 [D]. 成都: 西南财经大学, 2014.

[272] 许百军. 寻租理论、政府权力的监督与公共责任视角下的经济责任审计 [J]. 审计研究, 2005 (4): 84-88.

[273] 杨宏力, 宁朝山. 西方不完全契约理论进展——基于 2005 年以来最新文献 [J]. 经济学研究, 2012: 40-48.

[274] 杨宏力. 不完全契约理论前沿进展 [J]. 经济学动态, 2012 (1): 96-103.

[275] 杨清香, 俞麟, 陈娜. 董事会特征与财务舞弊——来自中国上市公司的经验证据 [J]. 会计研究, 2009 (7): 64-70.

[276] 杨兴全, 张丽平, 吴昊旻. 市场化进程、管理层权力与公司现金持有 [J]. 南开管理评论, 2014 (2): 34-45.

[277] 杨有红，陈凌云 .2007 年沪市公司内部控制自我评价研究 [J]. 会计研究，2009 (6)：58 – 64.

[278] 杨有红，何玉润，王茂林. 市场化程度、法律环境与企业内部控制自我评估报告的披露——基于沪市 A 股上市公司的数据分析 [J]. 上海立信会计学院学报，2011 (1)：9 – 16.

[279] 杨有红，李宇立. 内部控制缺陷的识别、认定与报告 [J]. 会计研究，2011 (3)：76 – 80.

[280] 杨忠诚，王宗军. 董事会结构与公司绩效关系探讨 [J]. 财会月刊，2008，(3)：23 – 24

[281] 叶建芳，李丹蒙，章斌颖. 内部控制缺陷及其修正对盈余管理的影响 [J]. 审计研究，2012 (6)：50 – 59.

[282] 伊志宏，李艳丽，高伟. 市场化进程、机构投资者与薪酬激励 [J]. 经济理论与经济管理，2011 (10)：75 – 84.

[283] 张超，刘星. 内部控制缺陷信息披露与企业投资效率——基于中国上市公司的经验研究 [J]. 南开管理评论，2015，18 (5)：136 – 150.

[284] 张敦力，王艳华. 市场化进程、高管薪酬与相对业绩评价——来自沪深 A 股的经验证据 [J]. 暨南学报（哲学社会科学版），2016，38 (3)：117 – 125.

[285] 张慧敏，陈德球. 治理环境、董事会效率与投资者关系管理 [J]. 山西财经大学学报，2009 (9)：71 – 78.

[286] 张黎焱. 内部控制评价研究 [D]. 北京：财政部财政科学研究所博士学位论文，2010.

[287] 张丽平，杨兴全. 管理者权力、管理层激励与过度投资 [J]. 软科学，2012 (10)：107 – 112.

[288] 张龙平，王军只，张军. 内部控制鉴证对会计盈余质量的影响研究——基于沪市 A 股公司的经验证据 [J]. 审计研究，2010 (2)：83 – 90

[289] 张敏，审计师聘任的实际决策者：股东还是高管？ [J]. 审计研究，2010 (6)：86 – 92.

[290] 张曙光. 腐败与贿赂的经济分析 [J]. 中国社会科学季刊（香港），1994 (1)：6.

［291］张维迎．博弈论与信息经济学［M］．上海：上海三联书店，1996

［292］张文魁．中国国有企业产权改革与公司治理转型［M］．北京：中国发展出版社，2007.

［293］张阳，张立民．独立性威胁、审计委员会制约有效性：理论分析与实证研究［J］．会计研究，2007（10）：87－94.

［294］张阳．中国上市公司董事会特征与内部控制有效性的相关性研究［D］．西安：西北大学，2013.

［295］张颖．不完全契约视角下中国劳资关系的政府干预研究［D］．辽宁大学，2015.

［296］张兆国，张旺峰，杨清香．目标导向下的内部控制评价体系构建及实证检验［J］.

［297］赵建凤．上市公司股权结构对内部控制有效性的影响研究［D］．北京：首都经济贸易大学，2013.

［298］赵健梅，刘晨倩，邢颖，等．薪酬差距、市场化进程与公司业绩［J］．经济问题，2017（5）：104－109.

［299］赵丽芳，武婷，杨洋．内部控制审计、内部控制缺陷与审计费用［C］．中国会计学会会计教育专业委员会年会暨会计学院院长论坛，2014.

［300］赵息，许宁宁．管理层内部控制缺陷信息披露行为的影响因素分析——基于内部控制信息披露“动机选择”的视角［J］．经济经纬，2014（3）：85－89.

［301］赵息，张西栓．高管权力及其对内部控制的影响——基于中国上市公司的实证研究［J］．科学学与科学技术管理，2013（1）：114－122.

［302］赵渊贤，吴伟荣．企业外部规制影响内部控制有效性研究——来自中国上市公司的经验证据［J］．中国软科学，2014（4）：126－137.

［303］郑冠群，宋林．IPO 超募对我国上市公司非效率投资的影响——来自创业板的经验证据［J］．西安交通大学学报（社会科学版），2015，35（6）：30－37.

［304］郑伟，徐萌萌，戚广武．内部审计质量与控制活动有效性研究——基于内部审计与内部控制的耦合关系及沪市上市公司经验证据［J］．审计研究，2014（6）：100－107.

［305］郑志刚，吕秀华．董事会独立性的交互效应和中国资本市场独立董事制度政策效果的评估［J］．管理世界，2009（7）：133－144.

［306］钟玮．我国企业内部控制有效性研究［D］．北京：财政部财政科学研究所博士学位论文，2011.

［307］周传丽，余春芳．高管配置、非效率投资与内部控制关系——基于上市家族企业的经验证据［J］．北京工业大学学报（社会科学版），2015（3）：26－33.

［308］周冬华，赵玉洁．CEO 权力、董事会稳定性与管理层业绩预告［J］．当代财经，2013（10）：118－128.

［309］周冬华．CEO 权力、董事会稳定性与盈余管理［J］．财经理论与实践，2014（6）：45－52.

［310］周慧光．不完全契约视角下的农户信用行为研究［D］．西安：西北大学，2016.

［311］周继军．不完全契约视角下内部控制理论问题探讨［J］．财会通讯：综合，2010（12）：94－95.

［312］周建，金媛媛，袁德利．董事会人力资本、CEO 权力对企业研发投入的影响研究——基于中国沪深两市高科技上市公司的经验证据［J］．科学学与科学技术管理，2013（3）：170－180.

［313］朱海珅，闫贤贤．董事会治理结构对企业内部控制影响的实证研究——来自中国上市公司的数据［J］．经济与管理，2010（1）：55－59.

［314］朱翔．环境不确定条件下上市公司内部控制对非效率投资影响实证研究［D］．南京：东南大学，2016.

［315］朱星文，蔡吉甫，谢盛纹．公司治理、盈余质量与经理报酬研究——来自中国上市公司数据的检验［J］．南开管理评论，2008（2）：61－68.

重要术语索引表

B

Bartlett 球形检验 ………………… 108
博弈决策树 ……………………… 089
博弈均衡 ………………………… 017
博弈论 …………………………… 016
不完全契约理论 ………………… 016

C

财务报告层面内部控制缺陷 … 022
产权性质 ………………………… 007

D

单变量分析 ……………………… 023
道德风险 ………………………… 015
地方国企 ………………………… 020
董事会 …………………………… 004
董事会独立性 …………………… 019
董事会审计委员会存续时间 … 019
董事会稳定性 …………………… 019
董事会异质性 …………………… 019
动态博弈 ………………………… 017
多层次视角 ……………………… 007

F

非效率投资 ……………………… 005

G

高管权力 ………………………… 005
高管权力膨胀 …………………… 005
公司层面内部控制缺陷 ……… 022
国有企业 ………………………… 004
过度投资 ………………………… 006

H

宏观层面 ………………………… 007

J

激励不相容 ……………………… 037
监督机制 ………………………… 004
经济后果 ………………………… 007
竞争性行业 ……………………… 006
竞争性企业 ……………………… 187

K

KMO 检验 ………………………… 108

L

Logistic 回归模型 ……………… 151

垄断性行业 …………………… 006
垄断性企业 …………………… 187

M

描述性统计 …………………… 023
民营企业 ……………………… 004

N

内部控制缺陷 ………………… 003
内部控制缺陷发生率 ………… 008
内部控制缺陷信息披露 ……… 021
内部控制缺陷整改 …………… 179
内部控制审计 ………………… 004
内部审计 ……………………… 004
逆向选择 ……………………… 015

P

Pearson 相关系数 …………… 114

S

审计独立性 …………………… 020
审计监督 ……………………… 004
声望权力 ……………………… 014
市场化改革 …………………… 005
市场化进程 …………………… 016
塑造效应 ……………………… 005
所有制权力 …………………… 050

T

调节作用 ……………………… 017
投资不足 ……………………… 006
投资决策 ……………………… 015

W

Winsorize 缩尾处理 ………… 150
外部审计 ……………………… 003
微观层面 ……………………… 007
委托代理冲突 ………………… 004
委托代理理论 ………………… 013
稳健性检验 …………………… 120

X

相关性分析 …………………… 114
信息不对称 …………………… 006
信息不对称理论 ……………… 016
寻租理论 ……………………… 016

Y

样本观测值 …………………… 105
异质性内部控制缺陷 ………… 007
影响机理 ……………………… 006
影响因素 ……………………… 004

Z

治理效力 ……………………… 006
治理效应 ……………………… 051
中央国企 ……………………… 020
主成分分析 …………………… 023
组织权力 ……………………… 050